GALERIE

DU

MUSÉE NAPOLÉON,

TOME NEUVIÈME.

GALERIE

DU

MUSÉE NAPOLÉON,

Publiée par FILHOL, graveur,

Et rédigée par LAVALLÉE (Joseph), *Secrétaire perpétuel de
la Société philotechnique, des Académies de Dijon et de Nancy,
de la Société royale des Sciences de Gotingue, etc.*

DÉDIÉE

A S. M. L'EMPEREUR NAPOLÉON I.ᴱᴿ

TOME NEUVIÈME.

PARIS,

Chez Madame Veuve FILHOL, Editeur, rue de l'Odéon, N.º 35.

DE L'IMPRIMERIE DE GILLÉ.

1813.

TABLE

DU NEUVIÈME VOLUME.

LIVRAISONS DE 9█ 108.
GRAVURES DE 577 à 684. 61.

SUJETS DE PEINTURE.

NOMS DES MAITRES.	ÉCOLES.	EXPOSITION DES SUJETS.	NUMÉROS des Planches.
Asselin (Jean) . . .	Flamande. . .	Vue d'une Ruine	617
Backnisen (Ludolf) .	Idem	Un Yacht hollandais.	628
Berghem (Nicolas) .	Idem. . . .	La Chasse au sanglier	592
Idem	Idem. . . .	Un Paysage	595
Bordone (Paris) . .	Italienne . . .	Mars et Vénus	602
Bourdon (Séb.) . .	Française . . .	Tente de Vivandiers	614
Breemberg (B.) . .	Flamande . . .	Ruines de l'ancienne Rome. . .	640
Brusa Sorci (Felice-Riccio il)	Italienne . . .	La Vierge et Sainte Ursule	658
Clouet dit Janet, (François). . . .	Française . . .	Portrait de Henri II , roi de France	599
Corrège Allegri(dit le)	Italienne . . .	L'Homme sensuel	577
Dominiquin (le) . .	Idem	Le Triomphe de l'Amour. . . .	591
Idem	Idem	Timoclée devant Alexandre. . .	645
Dyck (Antoine Van).	Flamande. . .	Un Portrait d'homme	641
Eeckhout (Gerbrant Van den).	Idem.	Elcana présentant son fils au Grand-Prêtre	584
Eyck (Jean Van) dit Jean de Bruges . . .	Idem	La Vierge, l'enfant Jésus et un Donataire.	578
Faes (Pierre Van der)	Idem. . . .	Un Portrait d'homme	623
Garofolo (Benvenuto Tisio, dit le) . . .	Italienne . . .	Jésus au milieu des Docteurs . .	631

NOMS DES MAITRES.	ECOLES.	EXPOSITION DES SUJETS.	NUMÉROS des Planches.
Gaspre Poussin (Du-ghet dit)	Italienne . . .	Un Paysage	604
Glauber (Jean) . .	Flamande. . .	Un Paysage	635
Helst (Bartholomé Van der).	Idem . . .	Les Bourguemestres distribuant le prix de l'arc	609
Inconnu	Idem. . . .	Portrait de François Rabelais. .	605
Idem	Italienne . . .	L'enfant Jésus caressant sa mère.	626
Jouvenet (Jean) . .	Française. . . .	La Descente de Croix	625
Lahyre (Laurent de)	Flamande. . .	L'Anesse de Balaam	646
Lairesse (Gérard de)	Idem. . . .	La maladie d'Antiochus.	613
Lanfranc (Giovani).	Italienne . . .	Séparation de Saint Pierre et de Saint Paul	644
Maratte (Carle) . .	Idem. . . .	Le Repos de la Sainte Famille .	543
Meulen (Van der) .	Flamande. . .	Voiture attelée de six chevaux gris	611
Metzu (Gabriel) . .	Idem. . . .	La Marchande de volailles . . .	603
Mola (Francesco). .	Italienne . . .	Herminie gardant un troupeau .	586
Netscher (Gérard) .	Flamande. . .	Portrait d'un jeune homme. . .	587
Niccolò (del Abate) .	Italienne . . .	Le Mariage de Sainte Catherine .	639
Ostade (Adrien Van).	Flamande. . .	La Famille d'Adrien Van Ostade.	596
Paul Véronèse . . .	Italienne . . .	Les Nôces de Cana	601
Idem	Idem. . . .	Le Christ portant sa croix . . .	608
Idem.	Idem. . . .	Jésus porté au tombeau	637
Parmesan (Francesco Mazzuola, dit le) .	Idem. . . .	Jésus servi par les Anges. . . .	595
Poelenburg(Cornillo)	Flamande. . .	Le Martyre de Saint Etienne . .	585
Poussin (N.)	Française. . .	Le Déluge	597
Idem	Idem. . . .	Diogène jetant sa coupe	610
Raphaël	Italienne . . .	La Vierge au Donataire	607
Rembrant	Flamande. . .	Un grand Paysage.	581
Rottenhamer	Idem. . . .	Le Repos en Egypte.	632
Ruisdael (J.) . . .	Idem. . . .	Vue d'une Forêt.	598
Idem	Idem. . . .	Un Paysage agreste	622
Slingelandt (P. Van).	Idem. . . .	Une Famille hollandaise	617
Stéen (Jean)	Idem. . . .	Les Plaisirs de chaque âge . . .	620
Teniers (David) . .	Idem. . . .	Le Reniement de Saint Pierre. .	615
Idem	Idem. . . .	Les Chaumières.	629
Terburg (Gérard). .	Idem. . . .	Trompette attendant des ordres.	621

Dessiné par Dumois.   Gravé à l'eau-forte par Quevedo.   Terminé par Villerey.

L'HOMME SENSUEL.

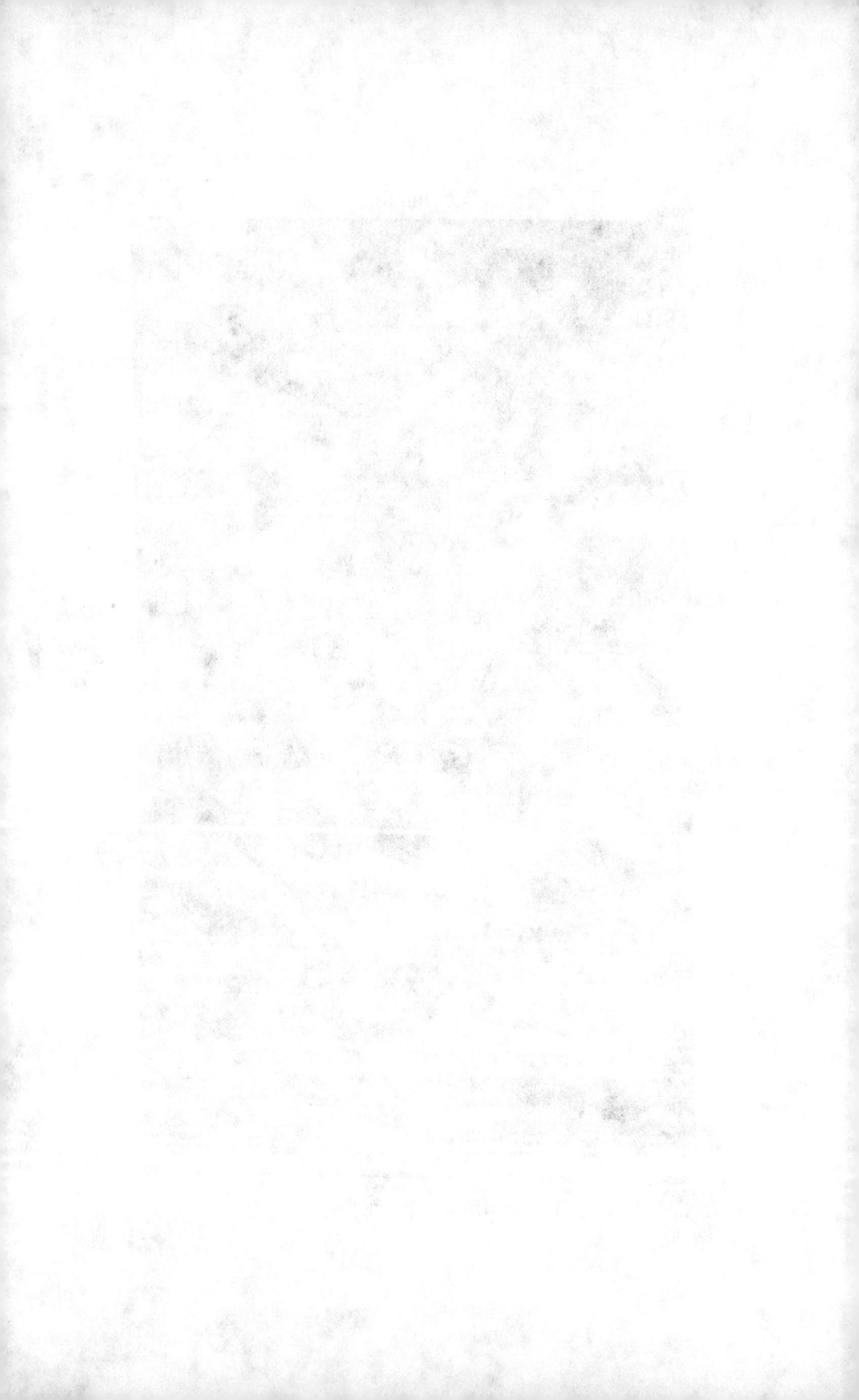

EXAMEN
DES PLANCHES.

QUATRE-VINGT-DIX-SEPTIÈME LIVR.ᴼᴺ

PLANCHE PREMIÈRE.

CORRÈGE (Antonio Allegri dit le).

L'HOMME SENSUEL; *peint sur toile; hauteur un mètre quarante-un centimètres deux millimètres ou quatre pieds trois pouces; largeur quatre-vingt-cinq centimètres deux millimètres ou deux pieds sept pouces.*

Nous avons publié, dans l'avant dernière livraison, un tableau du Corrège représentant la Vertu victorieuse des Vices : dans celui-ci, cet habile maître a peint l'Homme maîtrisé par les Passions, dominé par les Mauvaises habitudes, subjugué enfin par la Volupté, et néanmoins au sein des distractions qu'amène le charme des plaisirs, ramené malgré lui au tribunal de la conscience, et secrètement tourmenté par les reproches qu'elle lui adresse.

L'idée de ces deux tableaux est extrêmement morale, et pour la faire tourner au profit de l'instruction, on ne pouvait choisir deux sujets dont le contraste fût plus saillant et plus facile à saisir. Aussi, avec quel talent le peintre a varié l'expression qu'il a donnée à l'un et à l'autre! Dans le premier, tout est calme; dans le second, tout est tourmenté, tout est contraint.

Félibien, l'Epicier, et d'autres historiens, ont donné de longues descriptions de cet ouvrage ; Mengs le cite aussi, mais n'en parle que brièvement.

La scène se passe dans un paysage charmant : sur le devant, quelques arbres élevés forment un ombrage délicieux. Un homme encore dans la vigueur de l'âge, est assis ou plutôt à demi-couché au pied du plus avancé de ces arbres. Il est entièrement nud. Tout respire, dans sa pose et dans l'attitude de son corps, l'abandon, la mollesse, et cette espèce de langueur que l'habitude de l'oisiveté fait contracter aux chairs tout aussi bien qu'aux muscles. Il est entouré de trois femmes ; celle que l'on voit à sa droite, tient des serpens dans ses mains, dont elle semble diriger le venin contre la poitrine de ce malheureux. Il feint de ne pas s'en apercevoir, et prête son attention aux sons d'une flûte que la femme placée à sa gauche fait résonner à son oreille. La troisième est assise à ses pieds, et s'amuse à lui lier les jambes et les bras aux racines de l'arbre.

Sur le devant du tableau est un jeune enfant dont on n'aperçoit que la tête et le haut du corps, suivant un usage assez fréquent à l'époque où le Corrège travaillait, où les peintres représentaient ainsi, sur le devant de leurs tableaux, des figures qui étaient censées poser sur des plans inférieurs au plan général.

Pour expliquer cette allégorie, il a bien fallu prêter des noms à ces figures. On a donc voulu que la femme qui joue de la flûte fût la Volupté, dont le rôle est de captiver l'homme en l'enchantant par les sens. Celle qui lui lie les jambes et les bras, est la Mauvaise Habitude, dont rarement on brise les chaînes quand on lui a laissé le tems de les forger. La troisième est la Syndérèse. Les couleuvres qu'elle essaie à faire glisser dans le sein de la victime des voluptés, sont l'emblème des remords dont l'homme est agité au milieu des jouissances que la raison n'avoue pas. Ces trois femmes ont leurs cheveux entrelassés de serpens. On prétend que ces reptiles ont toujours été regardés par les poètes comme les attributs de la sensualité, aussi bien que cette peau de bouc sur laquelle est assise la figure principale. On suppose que le Corrège, en donnant à la femme armée de serpens une attitude qui semblerait indiquer qu'elle songe à s'éloigner, a voulu par-là traduire ce que dit Aristote des plaisirs immoraux : qu'en s'éloignant de l'homme, ils ne lui laissent

JEAN VAN EYEK.

Des.é par Duchemin. Grā.é à l'Eau-forte par Chataignes. Tir.é par Dambrun.

LA VIERGE L'ENFANT JESUS AU DONATAIRE.

que la douleur et le repentir. On a mis à contribution jusqu'aux
livres saints pour expliquer cette allégorie. On veut que la grappe de
raisin que cet enfant tient dans ses mains, signifie ce vin dont parle
l'Ecriture qui, dit-elle, est semblable *au fiel du dragon et au venin
de l'aspic, et cause, quand on le savoure, des maux incurables.* Il eût
été plus simple, ce me semble, de ne voir dans ce raisin que
l'emblème de l'ivresse où nous plongent les voluptés ; ou peut-être
encore le symbole de l'ivresse naturelle dont les voluptés usent
quelquefois pour parvenir à nous soumettre.

Les connaisseurs trouvent ce tableau supérieur à celui que nous
avons précédemment décrit sous le titre de la Vertu Héroïque. Ils
en vantent avec justice l'ordonnance, le dessin, et l'étonnante finesse
d'expression que l'on remarque dans les têtes. Toutes les grâces
familières au pinceau du Corrège respirent dans la figure de l'enfant.
Quoique nous n'ayons point varié dans l'opinion que nous avons
plus d'une fois émise sur le genre de l'allégorie, la vérité veut
cependant que nous disions que dans celle-ci ce célèbre peintre a
fait preuve d'une délicatesse de tact et d'esprit infiniment rare, et
que c'est bien ici que l'on trouve le *ut pictura poesis.*

Ce tableau, aussi bien que son pendant, a été gravé par Etienne
Picard le Romain.

PLANCHE II.

EYCK (JEAN VAN) autrement dit JEAN DE BRUGES, né en
1366, mort en 1441.

LA VIERGE, L'ENFANT JÉSUS ET UN DONATAIRE;
*peint sur bois ; hauteur soixante-dix centimètres ou deux pieds un
pouce six lignes ; largeur soixante-cinq centimètres ou un pied onze
pouces six lignes.*

DANS une magnifique galerie pavée de marbres précieux, décorée
de colonnes, et d'une architecture dont le genre se rapproche du
genre moresque, un homme superbement vêtu d'une robe de soie
et de brocard à larges manches, et bordée d'une fourrure, est à
genoux devant un prie-dieu recouvert d'un riche tapis, et a devant

lui un livre ouvert posé sur un coussin doublé d'une étoffe également opulente. Il semble recevoir la bénédiction que lui donne l'Enfant Jésus, assis sur les genoux de sa mère. La Vierge, couverte d'un long et large manteau, dont la bordure est brodée, est assise sur une espèce de trône ou fauteuil en marqueterie, doublé d'une tapisserie ou étoffe à fleurs. Ses cheveux ceints par un diadème étroit, tombent négligemment sur ses épaules. Derrière elle, un Ange, les ailes éployées, et vêtu d'une mante qui l'enveloppe tout entier, soutient une riche couronne au-dessus de sa tête. Au-delà de la colonnade du fond, on aperçoit, sur une terrasse, deux hommes qui se promènent; sur le mur de revêtement un paon et entre ce mur et la colonnade, la cime de quelques arbres qui décorent sans doute un jardin inférieur; plus loin et dans la perspective, sur les rives d'un grand fleuve, dont le cours est traversé par un pont et va se perdre dans le lointain, l'on aperçoit les édifices d'une grande ville; enfin, dans le fond, la cime des Alpes blanchie par les neiges.

On regrette de ne pas savoir quel est le personnage important que Van Eyck a représenté dans ce tableau; on croit reconnaître Lyon dans cette ville dont il nous offre la vue, et spécialement le chevet de la cathédrale de Saint Etienne, ainsi placé sur les bords de la Saône. S'il en était ainsi, il faudrait en conclure que ce peintre a voyagé, et que peut-être il a franchi ces Alpes qu'il a introduites dans son ouvrage.

Il serait impossible de rendre compte d'une manière exacte et satisfaisante de l'exécution vraiment surnaturelle de ce tableau. Plus on l'examine, moins l'on conçoit la patience que cette artiste a pu mettre à rendre les détails immenses qui s'y trouvent réunis; mais l'étonnement redouble quand on considère que cette production, après quatre cents ans d'existence, conserve encore toute sa fraîcheur, et que les couleurs en sont maintenant aussi pures et aussi éclatantes que si le tableau venait de sortir de ses mains.

Une autre réflexion se présente également à l'esprit des véritables connaisseurs et des hommes à qui l'histoire de l'art est familière, et que l'habitude de l'observation a accoutumés à comparer. Personne n'ignore que les frères Van Eyck ont été les inventeurs de la peinture à l'huile. Il n'est pas ordinaire que le perfectionnement des procédés que l'on emploie pour mettre en œuvre une invention nouvelle, touche pour ainsi dire au berceau de cette même invention; il n'est communément que le produit du tems et le résultat d'expériences longues et souvent réitérées. Comment s'est-il donc pu faire que ces deux frères aient donné dès l'origine à leurs ouvrages une vigueur de ton et un précieux dont aucun peintre depuis eux n'approcha? Mettaient-ils une attention plus scrupuleuse aux choix des couleurs dont ils se servaient? Leur éclat et leur conservation ont-ils dépendu de quelques préparations chimiques dont ils usèrent, dont ils cachèrent le secret, et que les peintres qui leur succédèrent n'auront pas connues? Se servaient-ils de quelques vernis inattaquable au tems, et dont l'effet aura garantie leurs couleurs de ses atteintes? Ces diverses questions ont été sans doute agitées plus d'une fois, mais n'ont pas encore été résolues.

Ce précieux tableau décorait depuis long-tems la sacristie de la cathédrale d'Autun, d'où il fut extrait pour être placé au Musée Napoléon.

PLANCHE III.

VÉRONÈSE (ALEXANDRE TURCHI dit).

JUPITER ET LÉDA; *peint sur marbre; hauteur trente-quatre centimètres ou un pied six lignes; largeur trente-huit centimètres sept millimètres ou un pied deux pouces.*

NOUS avons vu, dans différens cabinets, des répétitions de ce tableau; mais avec des changemens. Il représente Léda nonchalamment couchée sur un lit de repos, et pressant contre son sein le cygne de la fable. Trois amours complètent cette composition froidement rendue, et assez inintelligible, du moins dans quelques-uns de ses détails. Ce tableau est bien peint; mais le dessin en est lourd et sans grâce. Il semble que Léda, pour séduire le maître des Dieux, devrait avoir au moins les formes de la *Mère des Amours*; le peintre ne s'en est pas sans doute ressouvenu en peignant celle-ci. Il n'a pas mieux réussi dans ces trois petits Génies; on les prendrait pour de petits enfans de porte-faix.

Ce peintre, que l'Ecole vénitienne réclame, prit d'abord le Corrège pour modèle, et chercha ensuite à imiter le Guide; et quoique l'on ne puisse lui refuser du mérite, il n'approcha point de ces deux hommes célèbres. Il fit un long séjour à Rome, où il travailla avec assez de succès dans l'église de la Conception, en concurrence avec le Sacchi et le Berrettini. Vérone, sa patrie, est la ville qui possède le plus grand nombre de ses tableaux. Il s'est trouvé des amateurs enthousiastes de ce peintre, qui n'ont pas fait difficulté de le comparer à Annibal Carrache. Il est parvenu véritablement à en imiter le dessin dans son Sisara, que possède la famille Colonna; mais il n'a pas été toujours aussi heureux. Il fut bien loin surtout de lui ressembler dans les figures nues qu'Annibal rendait avec une perfection presque égale à celle de la belle antiquité. On peut juger, par le tableau que nous publions, combien Alexandre Véronèse mérite peu un semblable éloge. Ce peintre se surpassa pourtant quelquefois lui-même, tel par exemple que dans son tableau de la Piété, que l'on voit à Vérone dans l'église de la Miséricorde, et dans son tableau de l'Epiphanie, que possèdent MM. Girardini. Il mourut à Rome à l'âge de soixante et dix ans.

Le tableau qui fait le sujet de cet article, est dû aux conquêtes de 1806.

PLANCHE IV.

VELDE (ADRIEN VAN DEN),

PAYSAGE ET BESTIAUX; *peint sur bois; hauteur quarante-un centim. trois millimètres ou un pied trois pouces; largeur cinquante-un centimètres huit millimètres ou un pied sept pouces.*

RIEN de plus frais, de plus aimable, je dirais presque de plus touchant que cette jolie idylle pittoresque. Quand on examine ce joli tableau, l'ame s'abandonne aux sentimens si doux que le séjour de la campagne inspire. C'est la nature qu'il retrace. Avec quel charme on s'enfoncerait dans ces bocages lointains! On aimerait à causer avec ces pâtres. On croit entendre le bêlement de ces troupeaux. Ces riantes collines vous appellent; tout est vrai; tout est simple dans ce tableau. On cède a l'illusion, et les jouissances que le peintre procure font oublier l'art dont il use pour vous séduire.

Un pâtre assis à la porte de sa cabane, qu'ombragent des arbres touffus, s'entretient avec deux femmes dont l'une plus parleuse est

AD. VAN DEN VELD.

Def. par Girod. Gravé par Gefsta.

PAYSAGE ET ANIMAUX.

Dessᵗ par Grégorius. *Gré. à l'eau-forte par Dᵉ Sade.* *Termᵗ par Bovinet.*

UN GRAND PAYSAGE.

debout et paraît maîtriser l'entretien ; et dont l'autre, moins sensible à leur conversation, est assise au pied d'un arbre, et dans sa rêverie songe peut-être à l'amant qu'elle attend. Sur le penchant du coteau, paissent, ruminent, reposent des vaches, des moutons, des chèvres. Dans le fond, l'on découvre des monticules couronnés d'arbustes légers. La plaine s'étend à l'horizon.

Ce sujet serait sans intérêt, si l'esprit n'était en possession d'animer tout ce qu'il touche. En voyant ce tableau, on croit lire Gesner. Il est de l'exécution la plus précieuse, et il réunit toutes les perfections que l'on remarque dans les autres productions de cet habile peintre. Il sort d'une collection particulière.

PLANCHE V.

REMBRANT.

UN GRAND PAYSAGE; *peint sur toile ; hauteur un mètre huit centimètres ou trois pieds trois pouces ; largeur un mètre soixante-deux centimètres sept millimètres ou quatre pieds onze pouces.*

QUOIQUE ce tableau ne soit véritablement qu'une esquisse, il produit un effet surprenant par la magie de la lumière que le peintre a su y répandre. Personne n'ignore que la profonde connaissance du clair obscur aurait donné à Rembrant le rang de premier peintre du monde, s'il eût allié à ce mérite supérieur ceux du dessin et de la noblesse.

L'absence de ces qualités se fait moins sentir ici qu'ailleurs. Ce paysage a de la grandeur, je dirais même de la dignité, si cette expression était permise dans cette circonstance. Les petites figures qui l'animent n'ont rien de bas ni de trivial ; leurs vêtemens n'ont rien de bisarre, et ce grand peintre qui, dans cette partie, s'éloignait si souvent de la vérité et des usages reçus dans les nations européennes, s'est ici conformé aux coutumes du pays qu'il habitait.

Une rivière resserrée entre des rives assez escarpées, serpente à travers un paysage spacieux, montueux et boisé ; un pont de planches la traverse. Deux hommes viennent de s'y rencontrer et se sont arrêtés un moment. Dans le milieu, on aperçoit un poteau qui soutient

un tableau destiné sans doute à recevoir les ordonnances de la
police ou du magistrat; sur la gauche, la colline s'élève d'une manière
assez rapide, et porte sur ses flancs incultes, des mélèses, des pins,
des ormeaux. A droite, et sur un terrain inégal, la végétation est
plus forte, les arbres plus touffus, plus antiques, plus majestueux.
Deux chasseurs causent ensemble au pied de l'un de ces arbres.
Plus loin et dans un éclairci vivement frappé des rayons du soleil,
on aperçoit des bestiaux; un rideau de montagnes termine l'horison.

Tel est ce tableau bien composé, bien pris sur la nature, et dont
l'effet, nous le répétons, est extrêmement piquant.

Le Musée le tient des conquêtes de 1806.

PLANCHE VI.

APOLLON (dit du BELVÉDÈRE).

STATUE.

CETTE statue sublime est le plus beau fragment de sculpture antique
que l'on ait découvert jusqu'à ce jour, et la preuve la plus irrécusable
de la perfection où les Grecs ont porté ce bel art que l'on puisse
offrir à ceux qui révoqueraient en doute leur supériorité dans ce
genre. La vie et la divinité respirent dans ce chef-d'œuvre. Cette figure
a les formes humaines sans doute; mais l'on sent que l'on demanderait
inutilement à la terre un homme dont la beauté égalât celle de ce
marbre. C'est en vain que l'on chercherait sous l'épiderme le sang
dont la chaleur anime ce beau corps; les muscles qui le font mouvoir,
les os dont la charpente en est composée, et dans une figure où rien
ne blesse les plus sévères lois de l'anatomie; cette anatomie cependant
est dissimulée avec un art inconcevable, et disparaît pour ainsi dire
sous l'enveloppe d'une nature surhumaine, sous le prestige d'une
substance inconnue pour nous, dont la magie nous frappe, nous
enchante, et nous commande tout-à-la-fois l'admiration, l'amour et
le respect. C'est ici le dernier terme du beau idéal, et il est permis
de douter que le génie de l'homme puisse aller plus loin.

Apollon, l'un des grands Dieux, naquit à Délos, et fut le fruit des
amours de Jupiter et de Latone. Selon les fables mythologiques, il
est le Dieu de la lumière, le souverain des Muses, le créateur de la

Dessiné par Bourdan.

Gravé par Bourgeois.

APOLLON.

poésie, de la musique, de la médecine, et de la divination. L'esprit
ingénieux des Grecs multiplia les honneurs que l'on rendit à ce Dieu,
ainsi que la manière de le représenter. Tantôt ils l'ont offert sous la
figure d'un beau jeune homme, tenant une lyre dans ses mains et
entouré d'instrumens de musique ; tantôt couronné de lauriers,
environné des neuf sœurs , il préside sur le Parnasse. Quelquefois
aussi ils le peignent armé d'un arc, le carquois sur l'épaule. Souvent,
assis sur un char éclatant, il guide dans les airs les chevaux du
soleil. Des rois voulurent dans leur orgueil le compter parmi leurs
ayeux ; et pour accorder leur superbe vœu avec la vraisemblance,
la flatterie se hâta d'inventer la fable de son exil sur la terre ; elle
voulut que Jupiter eût foudroyé un fils d'Apollon, Esculape, pour
le punir d'avoir rendu à la vie le malheureux amant d'Aricie; qu'Apollon
désespéré de la perte de son fils , eût, dans sa vengeance, massacré
les Cyclopes dont les marteaux avaient forgé le foudre, et que le
maître des Dieux, irrité de cet attentat, l'eût exilé sur la terre. Grâce
à cette fable , la Thessalie s'enorgueillit de compter un Dieu parmi
les bergers de son roi ; la brique dont se forma les murs de Troye,
pétrie par ses divines mains, carressa la fierté des fils de Dardanus;
de simples mortelles, Clymène, Daphné, Clythie, Coronis, en
consolant ce Dieu dans ses ennuis, le donnèrent pour ancêtre aux
monarques de la Colchide, de Thèbes et de la Crète; ainsi pour
encenser les rois, la flatterie ravala ce Dieu à des occupations et des
amours terrestres, mais la superstition de son côté, pour amuser la
crédulité des peuples, lui rendit sa divinité, le plaça sur le trépied,
fit parler ses oracles, et les richesses du monde s'amoncelèrent dans
ses temples. Les plus célèbres furent ceux de Délos et de Daphné,
celui-ci surtout où la nature s'entendit avec les arts pour en faire
le séjour des voluptés et des délices, où tous les plaisirs réunis
éveillaient, irritaient, et satisfaisaient les passions, où l'on venait
du bout de l'Univers chercher les jeux, les grâces, les amours ; où
l'abus enfin de toutes les félicités des sens, avait, dans l'antiquité,
fait donner par les nations cette devise à la débauche : *Daphnicis
moribus vivere.*

Apollon reçut de ces deux temples les surnoms de DELIUS et de
DAPHNEUS; il fut encore appelé PALATINUS et ACTIACUS, parce
qu'Auguste lui imputa sa victoire d'Actium; PHŒBUS, parce qu'on

lui devait la lumière et la vie ; et enfin PITHIUS, parce qu'il délivra
la terre du serpent Pithon, et c'est à l'instant même où il remporte
cette éclatante victoire, que le statuaire l'a représenté dans le chef-
d'œuvre que nous publions aujourd'hui.

Le savant Visconti regarde la fable d'Apollon vainqueur du serpent
Pithon « comme l'une des plus ingénieuses que les anciens aient
» inventée pour exprimer l'influence bienfaisante du soleil, dont les
» rayons rendent l'air plus salubre, en le purgeant des exhalaisons
» infectes de la terre, figurées par ce venimeux reptile. » Ce savant
trouve encore que, « Tout dans cette figure, jusqu'au tronc d'arbre
» introduit pour la soutenir, présente quelqu'intéressante allusion.
» C'est, dit-il, celui de l'antique olivier de Délos qui, sous son ombre,
» avait vu naître ce Dieu. Il est paré de ses fruits, et le serpent qui
« le ceint de ses longs replis, est le symbole de la vie et de la santé,
» dont Apollon était le Dieu. » Voyons maintenant comme l'artiste a
rendu le héros de cette fable.

Apollon a résolu de délivrer Delphes de ce monstre. Il l'a cherché,
aperçu, surpris, et déjà le monstre n'est plus. Son arc est dans sa
main gauche ; la droite quitte à peine la corde fatale, le trait est parti,
et tous ses membres conservent encore le mouvement que cet effort
vient de leur imprimer. Mais quelle expression sur la figure ! Le sourire
amer de l'indignation, de l'ironie, et du dédain respire sur ses lèvres.
La certitude et la satisfaction de la victoire animent ses regards ;
mais rien n'y ressemble à cet enthousiasme, à cette joie exagérée que
les grands exploits inspirent aux hommes ! On reconnaît bien dans
ses traits la fierté du triomphe, mais c'est la tranquille fierté d'un
Dieu qui, par des inquiétudes sur le succès, n'a pas, avant le combat,
déshonoré sa puissance. Ce calme, après la victoire, annonce le calme
qui l'a précédée ; et la confiance dont son front rayonnait tout-à-l'heure
n'en est point encore effacée. C'est un Dieu qui triomphe, dont le
cœur est trop grand pour connaître l'orgueil, l'esprit trop supérieur
pour s'enivrer des vaines fumées de la gloire, l'ame trop élevée
pour ressentir la vanité compagne de la victoire ; et, tout entier au
rôle de la divinité, ne jouit de la défaite de son ennemi que parce
qu'elle est un bienfait pour la terre ; et que l'on ne croie pas que
l'imagination seule se plaise, à supposer cette foule de nuances dans
le caractère de cette belle tête ; elles y sont, elles existent.

Si maintenant nous passons de cette sublimité d'expression à la manière dont cette admirable figure est ajustée ; quelle légèreté ! quelle élégance ! avec quelle aimable mollesse ces longs cheveux ondulent sur ce beau col , et carressent de leurs anneaux ces formes enchanteresses ! avec quelle grâce ce bandeau , propriété des rois et des dieux, retient sous son tissu cette céleste chevelure! Sa chlamyde, appuyée sur son bras gauche, est négligemment jetée, et ne dérobe rien de la majesté des formes. Un baudrier retient son carquois sur son épaule ; de riches sandales garantissent ses pieds des atteintes du sol. La fraîcheur de la jeunesse enveloppe ses membres. Grâce, souplesse, légèreté, vigueur, tel est l'assemblage de qualités de ce beau corps qui, selon Visconti, tient un heureux milieu entre les formes délicates de Bacchus , et celles plus prononcées de Mercure.

L'on ignore encore de quelle carrière est sorti le marbre que le sculpteur employa pour cette statue. L'opinion la plus commune veut qu'elle soit d'un marbre grec antique ; mais personne encore n'a pu déterminer le lieu d'où ce marbre est sorti. Cette incertitude se fonde sur la connaissance que les anciens écrivains nous ont transmise , que la Grèce d'Asie, la Syrie et d'autres contrées possédaient de leur tems des marbres statuaires de la plus belle qualité, dont les carrières sont inconnues aujourd'hui ; ce qui fait présumer à Visconti que le marbre de l'Apollon pourrait bien en être sorti. Mengs, au contraire, veut en faire honneur à l'Italie , et prétend que c'est un marbre de Luni ou de Cararre, dont les carrières furent connues avant Jules César. Notre célèbre Dolomieu partage ce sentiment , et dit avoir trouvé dans d'anciennes carrières de Luni des fragmens d'un marbre ressemblant à celui de l'Apollon. Cette question ne sera pas décidée de long-tems , puisque sa solution échappe au siècle où les sciences naturelles et minéralogiques ont fait de si grands pas.

Cette statue fut découverte vers la fin du quinzième siècle dans les ruines d'Antium , ville féconde en maisons de plaisances impériales, où les maîtres du monde rassemblèrent tout ce que les arts produisirent de chefs-d'œuvres. Le cardinal de la Rovère en fit l'acquisition, et la plaça d'abord dans son palais, près des *Santi Apostoli* ; mais quand, sous le nom de Jules II, il fut parvenu à la thiare, il la fit transporter au belvédère du Vatican. Ce fut là que pendant plus de trois cents ans , elle fut l'objet de l'admiration de tout ce que l'Europe a produit d'hommes instruits, d'amis des arts, de véritables connaisseurs, lorsqu'enfin la victoire, constante amie du bienfaiteur de la France, enrichit à son tour le Musée Napoléon de cette belle statue, dont l'importance méritait que nous en parlassions avec un peu d'étendue.

Le rang qu'elle tient justement dans l'histoire et dans l'opinion du monde, la fit, après son arrivée à Paris, juger digne d'une inauguration solennelle. Le héros dont elle était la conquête daigna se prêter à cette cérémonie. Le 16 brumaire an 9, il se rendit au Musée Napoléon, et inaugura cette statue. L'on plaça en sa présence, entre la plinthe et le piédestal, une table de bronze que lui présentèrent l'administrateur et M. Vien, au nom des artistes français. Cette table porte l'inscription suivante :

LA STATUE D'APOLLON, QUI S'ÉLÈVE SUR CE PIÉDESTAL,
TROUVÉE A ANTIUM SUR LA FIN DU XV.e SIÈCLE,
PLACÉE AU VATICAN PAR JULES II AU COMMENCEMENT DU XVI.e,
CONQUISE EN L'AN V DE LA RÉPUBLIQUE PAR L'ARMÉE D'ITALIE,
SOUS LES ORDRES DU GÉNÉRAL BONAPARTE,
A ÉTÉ FIXÉE ICI LE 21 GERMINAL AN VIII,
PREMIÈRE ANNÉE DE SON CONSULAT.

On lit sur le revers de la table, cette seconde inscription :

BONAPARTE, I.er Consul.
CAMBACÉRÈS, II.e Consul.
LEBRUN, III.e Consul.
LUCIEN BONAPARTE, Ministre de l'Intérieur.

Il est à regretter que le nom de l'auteur de cette sublime production ne soit point arrivé jusqu'à nous. Jamais cependant un article ne mérita mieux l'immortalité. Le bras droit et la main gauche manquaient. Elles furent jadis restaurées par un élève de Michel-Ange, *Giovanni Angelo da Montorsoli.*

Des. par Duchemin.   Grav. à l'eau-forte par Chataignier.   Term. par Villerey.

REPOS DE LA STE FAMILLE.

EXAMEN

DES PLANCHES.

PLANCHE PREMIERE.

CARLE MARATTE.

LE REPOS DE LA SAINTE FAMILLE; *peint sur bois; hauteur trente-huit centimètres sept millimètres ou quatorze pouces; largeur vingt-quatre centimètres ou neuf pouces.*

CARLE MARATTE exécuta ce tableau dans un âge avancé. C'est à cette circonstance que l'on doit attribuer une sorte de roideur que l'on remarque dans le dessin; mais malgré ce défaut, cet ouvrage n'en est pas moins une des plus aimables productions de ce peintre, que possède le Musée Napoléon.

L'auteur a représenté, dans cette composition, la Vierge assise sur un tertre, le dos appuyé contre le piédestal d'une colonne dont le fût est brisé. Cette tendre mère regarde, avec un sentiment d'amour, l'Enfant Jésus qui veut prendre une croix ornée d'une banderolle, que le petit Saint Jean-Baptiste semble ne lui céder qu'avec peine. Sur un plan plus reculé, Saint Joseph, assis, tient un livre ouvert sur ses genoux, et paraît absorbé dans les méditations que lui suggère sa lecture. Une gloire d'Anges, que l'on aperçoit dans le haut du tableau, couronne avec grâce cette composition. Le site est agreste et sauvage, et se termine à l'horizon par d'arides montagnes.

Ce tableau est d'une couleur agréable et d'une harmonie charmante. L'on pourrait désirer plus de vigueur dans l'exécution.

On le doit aux conquêtes de 1806.

PLANCHE II.

ECCKHOUT (Gerbrant Van den), né en 1621, mort eu 1674. Imitateur de Rembrant.

ELCANA PRÉSENTANT SON FILS AU GRAND PRÊTRE HÉLI; *peint sur toile; hauteur un mètre seize centimètres ou trois pieds six pouces; largeur un mètre quarante-trois centimètres ou quatre pieds trois pouces huit lignes.*

Le sujet de ce tableau est tiré du Livre des Rois, chap. I, et de Joseph, liv. V, de *Antiq. Judaï.*

Elcana était fils de Jéroboam; il appartenait à la tribu de Lévi, et habitait à Ramathanie Sophim. Il avait deux femmes, nommées Anne et Phénenna. Celle-ci l'avait rendu père de plusieurs enfans; mais il semblait que la première fût condamnée à la stérilité. Un jour qu'avec toute sa famille il s'était rendu à Silo, où était le Tabernacle, pour sacrifier au Seigneur, Anne voyant les enfans de Phénenna assis à table auprès de leur mère, et Elcana leur faire part des viandes qui restaient du sacrifice, ne put s'empêcher de répandre des larmes, et de déplorer la stérilité où elle était réduite. Son époux, dont elle était tendrement aimée, essaya de la consoler; mais ce fut vainement. Elle mit sa confiance dans le Seigneur; se rendit au Tabernacle, pria Dieu avec ardeur de la rendre mère, et fit vœu, s'il lui accordait un fils, de le consacrer au service des autels. Le grand-prêtre Héli qui était assis devant le Tabernacle, étonné que cette femme répétât si souvent cette prière, crut que l'abus du vin l'avait privée de sa raison, et lui commanda de s'éloigner. Elle lui répondit que l'eau était sa boisson ordinaire; mais que dans l'affliction où elle était de n'avoir point d'enfans, elle priait Dieu de lui en donner. Héli touché de la dévotion de cette femme, lui dit

GERBRANT VAN DEN EECKHOUT.

ELCANA PRÉSENTANT SON FILS AU GRAND PRÊTRE.

P. F. MOLA.

Peil. par Grégorius e.   Grav. à l'Eau-forte par J.Pr. Aude s.   Term. par N.quet.

HERMINIE GARDANT UN TROUPEAU.

de ne ne point s'attrister, et l'assura que Dieu lui donnerait un fils. Elle retourna pleine de joie et d'espirance près de son mari. Sa confiance ne fut point déçue. Elle devint enceinte et mit au monde un fils que l'on nomma Samuel, c'est-à-dire *Demandé à Dieu*. Anne accomplit le vœu qu'elle avait fait; consacra son enfant au Seigneur, et le mit entre les mains du grand-prêtre Héli. C'est ainsi que ce trait de l'Ecriture est présenté par M. Sabbathier, dans le quinzième volume de son ouvrage, pour l'*intelligence des auteurs classiques grecs et latins*.

C'est l'instant de la présentation de cet enfant au grand-prêtre que le peintre a représenté avec beaucoup de talent. La composition est simple et noble. Le grand-prêtre est assis, et sa pose est pleine de dignité. Le jour mystérieux dont il est éclairé semble ajouter encore quelque chose à son maintien auguste et patriarchal. La simplicité et la piété règnent sur la figure d'Elcana. Il est accompagné d'un nombreux domestique, et vient de faire l'offrande de trois mesures de vin et de farine, et des génisses destinées au sacrifice. Son épouse est agenouillée sur les marches du trône. Elle tient son enfant devant elle, et le recommande à la bienveillance du grand-prêtre. Tout, dans cette composition, est bien pensé et s'explique clairement. Elle classe Van den Eeckhout au nombre des premiers artistes hollandais comme peintre et comme coloriste.

Ce tableau fut acquis, il y a quelques années, dans une vente publique, par l'administration du Musée.

PLANCHE III.

MOLA (Pietro-Francesco).

HERMINIE GARDANT LES TROUPEAUX; *peint sur toile; hauteur soixante-douze centimètres ou deux pieds deux pouces; largeur quatre-vingt-treize centimètres trois millimètres ou deux pieds dix pouces.*

Ce sujet est tiré de la Jérusalem délivrée. Le peintre a représenté la sensible Herminie, revêtue d'habits rustiques, à l'ombre d'un hêtre. Elle garde le troupeau du berger qui lui a donné asile. On voit que dans un emploi aussi étranger à son rang, elle n'est occupée que de sa passion pour Tancrède, qu'elle n'a pu rejoindre dans Solyme assiégée. Elle grave sur l'écorce de l'arbre le nom de ce héros et l'histoire de ses malheurs. On croit entendre prononcer ces mots, que le célèbre poète italien lui prête.

« Arbre confident de mes peines, conservez le souvenir de mes » douleurs. Si jamais un amant fidèle se repose sous votre ombrage, » il s'attendrira en lisant l'histoire de mes malheurs. Il dira sans » doute · Ah ! l'amour et la fortune payèrent trop mal tant de cons- » tance et de fidélité. »

Voilà ce que le Mola a rendu avec beaucoup de vérité. L'expres- sion est juste et bien sentie. Peintre coloriste, il a choisi l'instant du jour où la chaleur oblige tous les êtres animés à chercher l'ombre, et les dispose au sommeil. Herminie veille seule, pour ainsi dire, dans la nature. Malgré ses vêtemens grossiers, on reconnaît la fille des rois, fuyant la tyrannie d'Argant, et sans cesse poursuivie par le souvenir de Tancrède.

Ce tableau est d'un effet vigoureux, et le pinceau qui l'a produit n'est point au-dessous de celui des premiers coloristes de l'école Vénitienne. Il faisait partie de l'ancienne collection des rois de France.

PLANCHE IV.

POELEMBOURG (Corneille).

LE MARTYRE DE SAINT ETIENNE ; *peint sur cuivre ; hauteur trente-trois centimètres trois millim. ou un pied ; largeur quarante-un centimètres trois millimètres ou quinze pouces.*

Saint Etienne, le premier des sept Diacres que les Apôtres choisirent pour répandre la foi, fut lapidé par les juifs dans la ville de Jérusalem, dont Saint Jacques était alors le premier Evêque. Par un anachronisme de lieu assez singulier, le peintre a placé le théâtre de ce drame religieux à une porte de Rome. Cet anachronisme fut d'autant moins réfléchi de la part de l'auteur, qu'il jette de l'incertitude sur le trait d'histoire qu'il a voulu représenter. Les lé-

LE MARTYRE DE St ETIENNE.

gendaires font mention d'un autre Saint Étienne, évêque de Rome, qui, en 254 ou 257, sous le quatrième consulat de Valérien, fut martyrisé près des catacombes de la porte de Saint-Sébastien. Il est cependant évident, par la nature même du martyre peint par Poelembourg, que c'est de Saint Étienne diacre qu'il s'agit dans ce tableau, et il est présumable que cet artiste n'a point eu connaissance de celui de Saint Étienne évêque ; car il eût évité sans doute de tomber dans un contre-sens que remarqueront toutes les personnes instruites de l'Histoire de l'Église.

Quoiqu'il en soit, Saint Étienne diacre, fut accusé par les juifs de blasphémer contre le temple et la loi. Cité devant les juges, il se défendit avec courage, reprocha aux juifs leur endurcissement et leur impiété, et fut condamné à être lapidé. Pendant son supplice, il dit à ses bourreaux qu'il voyait *le ciel ouvert et le Christ assis à la droite de son père.*

C'est l'instant où il profère ces paroles, que le peintre a choisi. Il règne dans ce tableau une grande vérité d'expression. La fureur des bourreaux donne beaucoup de mouvement à cette composition, et il est difficile de rendre avec plus d'énergie le fanatisme de l'opinion. La figure du Saint est belle de pose et d'expression. Il implore le Dieu tout-puissant pour obtenir de sa miséricorde le pardon de ses persécuteurs.

A la porte Saint-Sébastien, où Poelembourg a placé cette scène, on voit encore l'arc de triomphe de Néron Claudius Drusus. Le peintre, pour enrichir son paysage, a rapproché de ces belles ruines le célèbre mausolée érigé par Crassus à Cécilia Metella son épouse. C'est de tous les monumens de Rome antique, celui dont la conservation est la plus parfaite, et si l'on peut en juger par la solidité de sa construction, il serait permis de prédire qu'il bravera encore les efforts de vingt siècles.

Ce tableau faisait partie de la collection des anciens rois de France.

6

PLANCHE V.

NETSCHER (GASPARD).

PORTRAIT D'UN JEUNE HOMME; *peint sur toile collée sur bois; hauteur vingt-quatre centimètres ou neuf pouces; largeur dix-huit centimètres six millimètres ou sept pouces.*

On ignore le nom du personnage représenté dans ce beau portrait. Il paraît que c'est celui d'un jeune seigneur hollandais. Il arrive de la campagne ou revient de la chasse. Il est assis et se dispose à se rafraîchir. A la manière dont sa tête est posée, il semblerait s'entretenir avec une personne que l'on n'aperçoit pas. De l'autre côté de la table, un enfant s'amuse à fouiller dans un carton. Comme cet enfant a son chapeau sur la tête, on peut présumer que c'est le frère ou le fils de ce seigneur.

Ce tableau est d'une finesse extrême d'expression, et d'une couleur admirable. On le doit aux conquêtes de 1806.

PLANCHE VI.

LES FORGES DE VULCAIN.

BAS-RELIEF.

Voici à-peu-près l'explication que le savant Visconti donne de ce bas-relief, que le Musée possède depuis peu de tems, et la description qu'il en fait.

Un cyclope présente à Vulcain le bouclier destiné à Enée. La figure du Dieu est grave et majestueuse. Il termine cet ouvrage, l'un des plus précieux que l'on doive à ses forges. L'épée et la cuirasse qui font partie de l'armure du héros sont déjà suspendues aux murs de l'atelier. D'autres cyclopes, auxquels le sculpteur a donné, ainsi qu'au premier, la figure et les attributs des Silène et des Faunes,

G. NETSCHER.

Dessiné par J. le Roy.   Gravé par Boutrois.

PORTRAIT D'UN JEUNE HOMME.

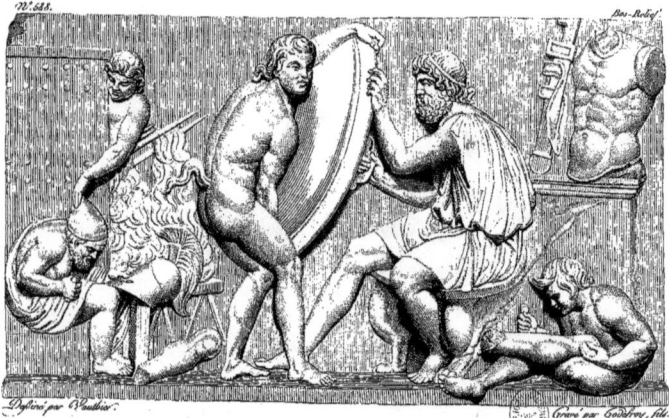

Dessiné par Vauthier.   Gravé par Godefroy fils.

LES FORGES DE VULCAIN.

préparent les moules qui doivent servir à couler les jambiers. Cupidon, qui surveille l'ouvrage que l'on exécute pour son frère, s'est caché derrière une porte, et dans sa malice enfantine, s'amuse à enlever le bonnet d'un vieux cyclope.

Le savant dont les connaissances étendues me servent ici de guide, considère ce bas-relief comme l'un des plus intéressans de ceux que réunit la collection du Musée. On le doit aux conquête de 1806.

EX VOTO.

EXAMEN

DES PLANCHES.

QUATRE-VINGT-DIX-NEUVIÈME LIVR.^{on}

PLANCHE PREMIÈRE.

TITIEN.

UN EX-VOTO; *peint sur toile ; hauteur un mètre six centimètres ou trois pieds deux pouces ; largeur un mètre trente-un centimètres ou trois pieds onze pouces.*

CE grand peintre a représenté, dans ce tableau précieux, la Vierge assise, tenant sur ses genoux l'enfant Jésus, dont l'aimable et tendre sourire semble l'inviter à lui donner le sein. Près d'elle on voit Saint Etienne, portant dans sa main la palme du martyre que, le premier, il eut la gloire de conquérir; Saint Ambroise feuilletant un volume de ses ouvrages ; et enfin derrière lui Saint Maurice, armé et cuirassé, cherchant à lire, par-dessus l'épaule de Saint Ambroise, quelque passage du livre qu'il tient entre ses mains.

Certes, c'est un anachronisme bizarre que de voir la Vierge entourée de trois personnages, dont il en est deux qu'assurément elle ne peut avoir connus; Saint Maurice, chef de la légion thébeine, massacré, avec ses compagnons, au troisième siècle par l'ordre de

2

Maximin, et Saint Ambroise, évêque de Milan, qui naquit et mourut dans le quatrième siècle. Saint Étienne est le seul dont la présence ici ne serait point invraisemblable, si la palme de son martyre ne contrastait d'une manière ridicule avec l'enfance du Christ. Ce martyre n'eut lieu que trente ans après la Passion. On s'étonnerait de rencontrer une semblable ignorance de l'histoire dans l'ouvrage d'un homme aussi instruit que le Titien, si l'on ne savait qu'à l'époque où vivait ce grand peintre, les artistes étaient soumis aux caprices des hommes religieux qui les employaient. Ces hommes s'inquiétaient peu si leur dévotion à tel ou tel saint blessait la chronologie. Ils associaient dans le même tableau des personnages que leur foi avait choisis pour protecteurs, souvent très-étrangers les uns aux autres pour le tems et pour les lieux. Il est donc évident que ce tableau aura été commandé au Titien, et qu'il aura été forcé de s'assujettir à la volonté du personnage pour lequel il l'exécuta.

Ce tableau est admirable encore malgré les nombreuses restaurations que les ravages du tems ont forcé de lui faire éprouver. Les têtes les mieux conservées sont celles de la Vierge et de l'enfant Jésus. Elles sont précieuses pour l'expression, et dignes du grand maître dont elles sont l'ouvrage.

Ce tableau a été gravé par *Lisebetius*, et faisait partie de l'ancienne collection des rois de France.

PLANCHE II.

VALENTIN (Moise).

UN CONCERT; *peint sur toile; hauteur un mètre soixante-huit centimètres ou cinq pieds un pouce; largeur deux mètres six centimètres ou six pieds deux pouces.*

DES militaires et deux jeunes filles sont les acteurs de cette scène. Ils sont réunis autour d'un socle de marbre, dont les faces sont sculptées. Ces jeunes gens font de la musique; les uns chantent, les autres jouent de divers instrumens. Il est rare que dans un concert soldatesque, le vin ne fasse une partie obligée; aussi l'auteur n'a

UN CONCERT.

Def. par S. du Roy.   Grav.ᵉ à l'eau-forte par Chedriquer.ᵉ   Term.ᵉ par Dambrun.

LE TRIOMPHE DE L'AMOUR.

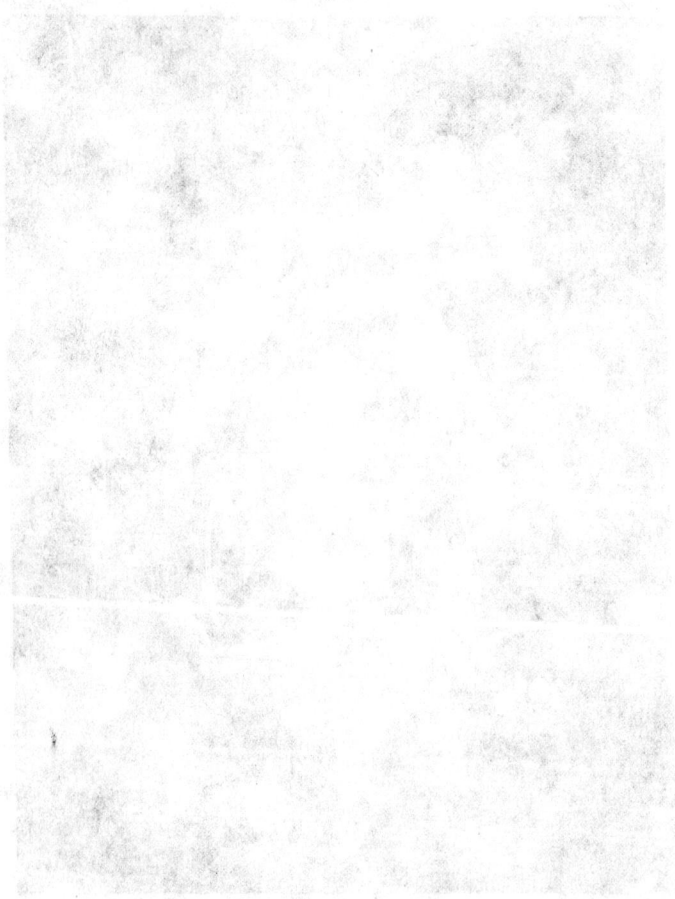

pas oublié de mettre sur le devant un soldat qui remplit des bouteilles, et dans le fond du tableau une jeune fille qui boit à même un vase. Cette composition un peu triviale n'a point, selon moi, le caractère de gaîté qu'elle devrait avoir. Toutes ces figures sont sérieuses. L'enfant même, dont le coude s'appuie sur un livre de musique, porte l'ennui empreint sur son front. L'homme qui transvase le vin dans des bouteilles, est le seul que l'on aperçoive sourire.

Ce tableau sort de l'ancienne collection des rois de France.

PLANCHE III.

DOMINIQUIN.

LE TRIOMPHE DE L'AMOUR ; *peint sur toile ; hauteur quarante-huit centimètres ou un pied six pouces ; largeur quarante centimètres ou un pied deux pouces six lignes.*

DE tous les Dieux de l'antiquité, l'Amour est celui dont le culte n'a point vieilli. Minerve n'est plus guère connue que des savans, et l'homme de toutes les classes vous parlera de l'Amour, de son arc, de son bandeau, de ses flèches, de son carquois. Ce Dieu figure dans l'épopée comme dans la chanson. Il préside aux fureurs de Melpomène, il suit d'un vol léger les traces incertaines du folâtre Vaudeville, et le même pinceau dont la vigueur se plaît à retracer les exploits des héros, ou les austérités de la Thébaïde, dépose quelquefois sa gravité pour nous peindre le fils de Vénus voltigeant sur les fleurs. Ainsi, l'on pourrait dire que si la nature ne se fût pas chargée de l'immortalité de l'Amour, le soin en aurait été confié aux arts du dessin et de la poésie.

Le Dominiquin, ce peintre si sévère dans ses mœurs, toujours si modeste malgré son immense talent, toujours si peu jaloux de plaire à l'esprit quand il ne pouvait intéresser le cœur, a cependant payé tout comme un autre sa dette à l'Amour par le petit poëme anacréontique dont nous nous occupons aujourd'hui, et la main dont la noble fierté esquissa la Communion de Saint Jérôme, et colora cette scène si sublime et si touchante, n'a point dédaigné de peindre

cet enfant, dont le sourire impose silence à la raison, et dont le
sceptre pèse sur tous les âges.

Dans ce tableau charmant, l'Amour semble sortir à peine du berceau;
il est assis sur un petit char de forme antique. Des rubans lui
servent à diriger le vol de deux colombes attelées à ce char, et ce
Dieu qui ne fait que de naître, courbe déjà sous le joug les symboles
de l'innocence. Son arc est dans sa main droite. Deux petits génies
planent à ses côtés, et cueillent des fleurs à la guirlande qui sert
de cadre à cette petite scène, et les effeuillent sur la tête de l'Amour.

Cette figure est charmante; les formes en sont divines, les chairs
sont d'une fraîcheur admirable. En général, ce tableau est d'un fini
précieux. La manière dont les colombes sont placées est ingénieuse,
mais elles semblent tirer péniblement ce char. On souffre de la fatigue
qu'elles éprouvent. Pourquoi cette contrainte? ce char est celui d'un
enfant; il porte le Dieu de l'inconstance, tout ce qui lui obéit ne
doit il pas être léger comme lui?

La guirlande de fleurs dont ce tableau est entouré n'appartient
point au Dominiquin, elle est de Daniel Seghers, frère de Gérard
Seghers, peintre d'histoire, élevé dans l'école du Caravage, et dont
les talens admirés en Espagne, en Angleterre, à Rome même, n'eurent
qu'un succès passager à Anvers sa patrie, où la juste admiration
que l'on portait à Rubens et à Vandick les fit juger plus sévèrement.
Daniel Seghers, dont il est ici question, fut élève de Breughel de
Velours, et devint l'un des premiers peintres de fleurs de son siècle.
Il entra jeune dans l'ordre des Jésuites, et reprit sa palette qu'il
avait délaissée pendant son noviciat. Il fit le voyage de Rome où il
acheva de se perfectionner. Ses mœurs étaient douces comme son
caractère. La culture des fleurs était sa passion favorite. Il créait
ainsi lui-même les modèles que son pinceau rendait avec tant de
vérité. Personne ne donna un plus vif incarnat à la rose, une blancheur
plus éclatante au lys, et n'imita mieux cette fraîcheur humide, cette
rosée vaporeuse dont l'aurore les embellit. Il rendait avec une égale
vérité, les abeilles, les mouches, les papillons et les autres insectes
qu'attirent les parfums que ces filles de la nature exalent autour d'elles.

Les auteurs du Dictionnaire des Arts, etc. auxquels nous empruntons
ces détails, nous apprennent que le couvent du père Seghers mit a
profit la réputation dont jouissaient ses productions. Elles étaient

LA CHASSE AU SANGLIER.

désirées par les princes et les grands de l'Europe, et leur munificence les payait largement; les Jésuites que la gloire et les richesses n'allarmèrent jamais, n'étaient point fâchés que les travaux de l'homme modeste qui ne croyait pas que son nom pût s'étendre au-delà des murs de son cloître, répandissent de l'éclat sur leur ordre, et ajoutassent aux palmes de la littérature, la palme des arts plus étrangère à des religieux.

Ce tableau a été gravé par Claude Randon. Il fut long-tems dans la Villa Ludovisi, à Rome. Il sort de l'ancienne collection des tableaux de la couronne.

PLANCHE IV.

BERCHEM (Nicolas).

CHASSE AU SANGLIER; *peint sur toile; hauteur quarante-huit centimètres ou un pied six pouces; largeur soixante-quatorze centimètres ou deux pieds trois pouces.*

Un seigneur et son épouse, suivis de leurs piqueurs et d'une meute nombreuse, poursuivent un énorme sanglier, et viennent de l'atteindre. Un chasseur, le genou à terre, met en joue cet animal et va tirer dessus, tandis que l'un de ses camarades, à cheval, une dague à la main, court au-devant du sanglier afin de l'arrêter, s'il est possible, en supposant que le chasseur le manque.

Sur un plan plus reculé, l'on aperçoit, à l'entrée d'un taillis, un autre sanglier acculé contre une haie. Un chasseur se dispose également à le tirer. Plusieurs autres chasseurs accourent pour le garantir de la fureur de l'animal, s'il n'est pas terrassé du premier coup.

Un de ces farouches animaux a déjà succombé dans cette chasse. On l'a attaché sur le bât d'un mulet que l'on voit à gauche du tableau, à côté d'un palfrenier qui se désaltère. Sur le devant, on voit un daim gissant par terre que l'on vient de tuer, et quelques chiens qui ont été blessés.

Il règne dans cette composition un grand mouvement. Le site, par son aspect montueux, agreste et inculte, ajoute une grande vérité à cette scène, image fidelle de l'un des plaisirs favoris des grands, dont cependant les dangers sont quelquefois égaux aux jouissances.

Ce tableau sort de la collection du stathouder.

PLANCHE V.

BERCHEM.

UN GRAND PAYSAGE; *peint sur toile*; *hauteur un mètre vingt-neuf centimètres, ou trois pieds dix pouces six lignes; largeur un mètre quatre-vingt-treize centimètres ou cinq pieds neuf pouces.*

DE tous les tableaux de ce maître que possède le Musée, celui-ci est sans contredit le plus important. L'auteur a représenté un vaste paysage, entrecoupé de masses de rochers et d'arbres touffus. Le chemin qui le traverse et est lui-même coupé par une rivière que l'on passe au gué, le chemin, dis-je, est couvert de bestiaux et de voyageurs. On distingue sur le devant une paysanne à cheval, qu'une autre femme à pied arrête pour l'inviter à prendre un enfant qu'elle lui présente, et à lui aider à passer l'eau. Un marchand monté sur un mulet chargé de balots, vient de traverser le gué, au milieu duquel un pâtre, dans l'eau jusqu'à mi-jambes, tient sous son bras un agneau, à la délicatesse duquel il veut éviter ce passage. Sur la gauche est un chasseur assis au pied d'un arbre, et des chiens en laisse se désaltérant dans la rivière. Dans le fonds, quelques hommes se reposent sous une treille, dont les pampres tapissent le devant d'une chaumière.

Ce tableau, de la plus parfaite conservation, et le plus précieux de tous ceux qui sont sortis du pinceau de cet habile homme, n'est pas très-ancien dans la collection de la couronne. Un amateur l'acquit de M. Le Brun, et le paya une somme considérable. C'est du cabinet de cet amateur qu'il est passé au Musée Napoléon.

PAYSAGE.

Dessiné par Vauthier.   Gravé par Gaucet.

NÉRON JEUNE.   L'EMPEREUR GALLIEN.

7

PLANCHE VI.

NÉRON JEUNE. — GALLIEN EMPEREUR.

BUSTES.

VOICI les bustes de deux empereurs romains dont les cruautés et
les folies excessives ont fatigué le monde.

Le fils de *Caïus Domitius Ænobarbus*, et d'*Agrippine* fille de
Germanicus, est ici représenté dans l'âge où retenu par les conseils
de Burrhus et de Sénèque, tremblant sous l'empire despotique que
sa mère exerçait sur lui, il n'osait se livrer encore à cette férocité
de caractère qu'il développa bientôt, et cachait sous le manteau
d'une douceur hypocrite, ce cœur de tigre dont le sang de tant
d'illustres romains ne put rassasier la soif inextinguible. Il a donc
été sculpté dans le tems où il faisait les délices de Rome ; mais si
l'artiste a été fidèle à la ressemblance, il eût été facile ce me semble de
prévoir dès-lors les destins que dans les replis de son ame perverse
ce prince préparait à Rome. Ces rides profondes déjà imprimées sur
son front, ces yeux couverts et enfoncés, cette bouche ironique et
dédaigneuse, cette sorte de teinte sinistre répandue sur l'ensemble
de ses traits, devaient être de tristes pronostics pour l'avenir, et
n'auraient point trompé un habile physionomiste.

Il est représenté revêtu de la toge. La tête est sans barbe. Ses
cheveux épais ne sont point ornés du laurier des Césars, ce qui
pourrait faire présumer que lorsque l'artiste fit ce portrait, Néron
n'était alors que le fils adoptif de Claude, et ne régnait pas encore.

Ce buste est mal conservé. Il sort de la *Villa Albani.*

Le second, bien plus rare, quoiqu'il soit d'une époque où la décadence
dans les arts était déjà sensible, représente *Publius Licinius Gallienus,*
fils de l'empereur *Valérien.* Son père l'associa à l'empire l'an 253.
Gallien parvint au trône en 260. Il s'était rendu célèbre dans la guerre
contre les Germains et les Sarmates ; mais les douceurs du trône
corrompirent bientôt le héros, et celui dont l'état attendait sa restauration et sa gloire, devint en peu de jours l'esclave des plus honteuses
voluptés. Les guerres, les révoltes, les invasions, les calamités pu-

bliques se multiplièrent sous le règne d'un prince dont les momens
étaient consacrés à la molesse, aux plaisirs et au luxe le plus effronté.
Les courtisans, les mimes, les bouffons, étaient sa cour ordinaire.
Il passait sa vie ou dans le bain ou à table, ou couché sur les fleurs.
La défection des provinces, la rébellion des armées, les fléaux mêmes
de la nature, ne pouvaient le tirer de son indifférence, et il recevait
en souriant les nouvelles les plus désastreuses. Son courage se réveilla
pourtant une fois, lorsqu'*Ingenuus* se fit proclamer empereur en
Illyrie. Gallien le battit et le tua ; mais il usa cruellement de la
victoire. Il fit massacrer, sans distinction d'âge et de sexe, toutes
les personnes qui avaient pris part à la rébellion de son ennemi. Sous
le règne de cet empereur, trente personnages prirent la pourpre sur
différens points de l'empire. L'un de ces tyrans, *Aureole*, s'étant emparé de Milan, Gallien marcha contre lui, et fut assassiné sous les
murs de cette ville. L'historien *Trebellius* rapporte quelques traits
qui prouvent la légèreté du caractère de ce prince. Il assistait un
jour aux jeux publics, où un chasseur ou gladiateur devait combattre
un taureau d'une grandeur démesurée. Dix fois ce mal-adroit gladiateur lança des javelots sur cet animal sans pouvoir l'atteindre. Gallien
lui fit décerner le prix, au grand étonnement du peuple, et fit crier
par le hérault : *Qu'il lui faisait cette faveur, parce qu'il était plus
difficile qu'on ne croyait de ne pas toucher un taureau de cette taille.*

Ce buste sort de la *Villa Albani*. L'inscription Latine *Gallieno*,
qu'on lit sur le cartel, est également antique. Ce datif semblerait
annoncer que ce buste a été voté.

Des. par J. le Roy. Grav. à l'eau-forte par Chataignez. Ter. par Dambrun.

JESUS SERVI PAR LES ANGES.

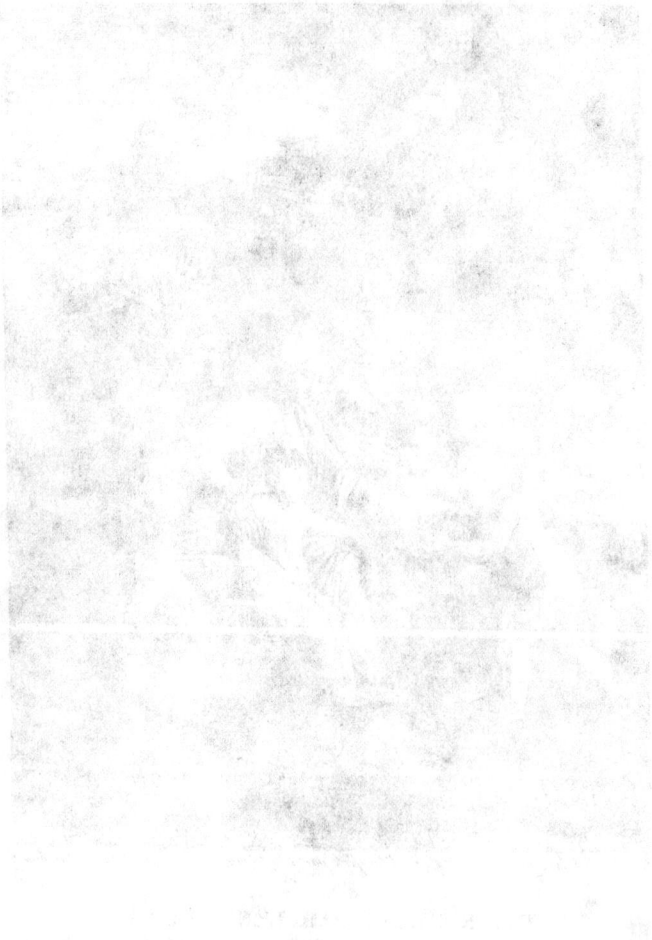

EXAMEN

DES PLANCHES.

PLANCHE PREMIÈRE.

LE PARMESAN.

JÉSUS SERVI PAR LES ANGES ; *peint sur toile ; hauteur soixante-cinq centimètres ou un pied onze pouces six lignes ; largeur cinquante-un centimètres ou un pied neuf pouces.*

LA Sainte Famille se repose à l'ombre de quelques arbres qu'enlassent des pampres. La Vierge est assise sur un siége dont la sculpture élégante et recherchée semble presque un anachronisme dans un lieu semblable. Elle tient entre ses genoux son divin enfant, qu'elle invite à accepter des raisins que des Anges viennent de cueillir et s'empressent de déposer à ses pieds, tandis que d'autres sont encore occupés à dépouiller la vigne de ses fruits, pour les lui présenter à leur tour. Sainte Anne est debout derrière la Vierge, et s'appuie sur le dossier de son siége. Saint Joseph assis, et tenant un bâton, dont il a plu à presque tous les peintres de l'armer, semble, par le geste de sa main droite, faire remarquer à Sainte Anne que le jeune Saint Jean s'unit aux Anges pour servir Jésus.

Cet ouvrage, dans les inventaires des tableaux de la couronne, est attribué à un peintre peu connu, dont le nom aurait été, selon ces

inventaires *André Azio*. Ce nom ne se trouve point parmi les élèves
et les imitateurs du Parmesan. L'abbé Lanzi qui dans l'histoire des
nombreuses écoles de tant de maîtres que l'Italie a produit, ne laisse
pas échapper le nom de l'élève même le plus médiocre, ne fait point
mention de cet André Azio dans l'école parmesane. Le père Affo, à qui
l'on doit une notice très-étendue sur la vie du Parmesan, ses travaux et
son école, ne parle pas davantage de ce peintre; et Vasari garde
le même silence. Si l'on prétend que ce tableau n'appartient pas au
Parmesan, il est cependant impossible, par la noblesse et le grand
caractère des figures, par la grâce des enfans, par la disposition générale
enfin, de n'y pas reconnaître la production d'un très-habile homme;
et si cet homme se nommait André Azio, il est difficile de supposer
que ce nom fût resté dans l'obscurité. Ne serait-il pas possible que
cette incertitude fût due à l'ignorance ou à l'inexactitude du copiste de
ces inventaires, qui aura mal compris peut-être les notes que les
hommes instruits chargés de leur confection, lui auront fournies. Je
m'explique.

Francesco Mazzuola dit *il Parmigianino*, ou le Parmesan, était
d'une famille célèbre dans les arts. Son père, nommé Filippo Mazzuola,
se distingua dans la peinture, et eut deux frères, Andrea et Michelle
Mazzuoli, qui eurent également de la réputation dans l'école de Parme.
Le Parmesan eut encore un cousin nommé Girolamo Mazzuola,
qui rivalisa de gloire avec lui. Supposons pour un moment que le
tableau dont nous nous occupons fût d'Andrea Mazzuola, l'un des
oncles du Parmesan, et que cette indication ait été donnée ainsi,
mais en langue italienne, au copiste ou au commis chargé de classer
ces notes, et de les inscrire dans un ordre quelconque sur ces in-
inventaires. On sait que le mot italien *zio* veut dire *oncle*. La note
aura donc pu porter ces mots : *Andrea zio del Parmigianino*. Le
commis ignorant ou étourdi, au lieu d'écrire *Andrea zio*, n'aura-t-il
pas pu mettre *André Azio*, et oublier d'ajouter *del Parmigianino?* Il
aura de la sorte formé maladroitement le mot *azio*, en détachant l'*a*
qui termine *Andrea* et l'appliquant au mot *zio*; et l'obscurité se sera
d'autant plus épaissie, qu'il aura oublié d'ajouter *del Permigianino*.

Il serait possible encore que l'erreur vînt de même d'un copiste qui
aura mal écrit le nom d'*Andreasi*, élève assez distingué de Jules
Romain, et aura fait deux mots d'un seul mot, et ajouté par dis-

A. VAN OSTADE.

LA FAMILLE D'OSTADE.

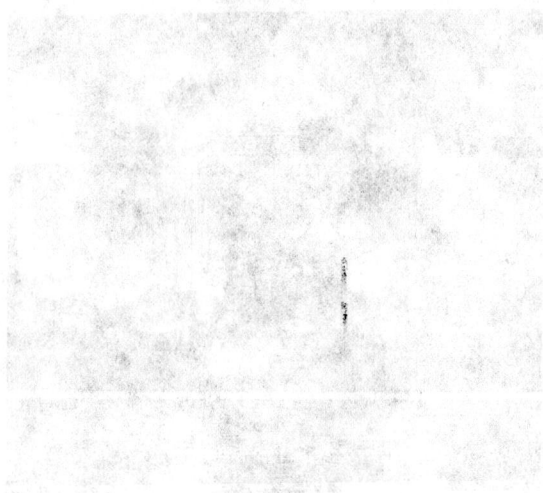

traction à la fin du second un *o*, ce qui aura fait *André Asio*, au lieu d'*Andreasi*. Cet *Andreasi* dont le prénom était *Ippolito*, et que Vasari n'a pas connu puisqu'il ne le cite pas, fut un homme de mérite. Il peignit beaucoup d'après les cartons de Jules Romain, et l'on voit dans l'église de Sainte Barbara, à Mantoue, et dans plusieurs cabinets particuliers, des tableaux de ce peintre que les amateurs estiment.

En me livrant à ces recherches, je suis loin de prétendre décider à qui l'on doit attribuer ce tableau. Je ne me les suis simplement permises que parce qu'elles pourront contribuer à mettre sur la voie des hommes bien plus instruits que moi.

Quoiqu'il en soit, ce tableau ne peut être que l'ouvrage d'un homme de beaucoup de talent. Il se rapproche par la couleur de l'école du Parmesan, mais par le style il tient davantage de l'école Florentine. La disposition des draperies et le grand caractère de quelques-unes des figures viennent à l'appui de cette assertion. La pose de la Vierge est pleine de noblesse et de grâces. Les petits Anges qui cueillent les raisins sont d'une délicatesse de dessin précieuse, et toutes les intentions en sont charmantes.

PLANCHE II.

OSTADE (ADRIEN VAN).

LA FAMILLE D'OSTADE; *peint sur bois; hauteur soixante-sept centimètres ou deux pieds; largeur soixante-dix-huit centimètres ou deux pieds quatre pouces six lignes.*

DANS une salle richement décorée à la manière hollandaise, ce grand peintre s'est représenté assis au milieu de sa famille. A sa gauche est son épouse, dont il tient amicalement la main; son fils aîné se tient respectueusement debout et découvert derrière lui. Ses cinq filles, dont les âges sont parfaitement indiqués, sont en sa présence. Dans le fond, un homme et une femme se tiennent debout. On présume que c'est Isaac Ostade, frère de l'auteur, et son épouse. Si l'on considère l'expression, il règne dans cette scène intérieure

uñ ton de bonhommie et de candeur remarquables. L'on n'a jamais
mieux représenté ce calme, cette gravité et cette simplicité de mœurs
qui distingue la nation hollandaise. On sent que l'on ne s'amuserait
pas dans cette société, mais que l'on s'y plairait. S'il s'agit de l'exécution, jamais la magie de la couleur ne fut portée plus loin, et ne
produisit rien de plus vrai. Tous ces personnages vêtus de noir,
présentaient des difficultés nombreuses à vaincre. A peine aperçoit-on
la dégradation des tons, et cependant chaque figure est à sa place, et
l'harmonie est parfaite, quoique les tons les plus opposés y soient
seuls employés, je veux dire le blanc et le noir.

On assure que l'Albane, ce peintre des grâces, faisait ses Vierges
et ses Amours d'après son épouse et ses filles. Ostade, pour orner
ses tableaux, a de même pris ses modèles dans sa famille. Si ses
enfans, qu'il a représentés dans celui-ci, sont ressemblans, il faut
convenir que, sous le rapport de la beauté, la nature fut plus généreuse envers ceux de l'italien. Mais peut-être Ostade trouvait-il les
siens très-jolis ; on connaît la fable de l'Aigle et de la Chouette.

Au reste, Ostade a prouvé qu'avec des physionomies hideuses on
pouvait plaire et amuser. L'extrême vérité qu'il a donnée à ses
personnages, le charme de la couleur dont ses productions sont em-
bellies, font et feront dans tous les tems rechercher et admirer ses
ouvrages par les connaisseurs, et le placent en première ligne parmi
les peintres flamands.

PLANCHE III.

POUSSIN (NICOLAS).

LE DÉLUGE; *peint sur toile ; hauteur un mètre dix-sept centimètres
ou trois pieds six pouces; largeur un mètre cinquante-huit centim.
ou quatre pieds neuf pouces.*

PLUSIEURS peintres ont traité ce sujet, et quelques-uns même
avec un talent distingué; mais en l'exécutant, nul d'entr'eux ne s'est
élevé à la hauteur du Poussin. Dans le tableau que nous allons décrire, le génie et le sentiment sont inséparables, et l'un et l'autre
parlent avec une égale force au cœur et à l'imagination.

LE DÉLUGE.

Quand il s'agit d'une catastrophe aussi formidable que le déluge, le difficile n'est pas de représenter l'immensité des eaux couvrant la surface de la terre, un ciel obscurci par des nuages épais et sillonés par des éclairs fréquens, les flots roulans quelques corps privés de la vie, dont la présence annonce que tout a péri sur le globe. Voilà le cercle où s'agiterait un peintre vulgaire, et sans en franchir les limites bornées, il croirait avoir beaucoup fait. Mais il n'en est pas ainsi d'un homme comme le Poussin. Veut-il peindre le déluge? La méditation lui rappelle que ce grand évènement ne s'est opéré que par degrés. Il songe que les progrès de la terreur ont dû se mesurer sur les progrès de l'élément. Il réfléchit que la représentation de la submersion totale n'offrirait que l'image glacée de la mort, et flétrirait le cœur sans lui coûter une larme, et conçoit qu'une époque plus terrible, plus cruelle, plus effrayante, a dû la précéder, et c'est celle où les hommes auront dû conserver encore quelqu'espoir de salut. Sa pensée se porte ensuite sur nos opinions religieuses; il voit que la foi nous ordonne de croire que rien dans la nature ne survécut à ce désastre. Il sent alors que l'art de nous intéresser, de nous affecter vivement, n'est pas de nous montrer la race humaine anéantie, mais de nous peindre quelques infortunés bercés encore par l'espérance, en luttant contre une mort affreuse que nous savons qu'ils n'éviteront pas. Ainsi, l'impression profonde que ce beau tableau fait sur tous les esprits, vient de ce que le spectateur ne partage pas l'espoir qui soutient encore ces malheureux. Le peintre, avec une extrême finesse de jugement, a prévu qu'il fallait mettre aux prises l'incertitude où ils sont encore de leur sort, avec la certitude que nous avons de celui qui les attend, et que l'effet qu'il voulait produire résidait dans ce contraste. Le spectateur admire le courage, les travaux, les fatigues des acteurs de cette scène; il devine toutes les angoisses que les sentimens de la nature qui se développent en eux avec tant d'énergie leur font éprouver; mais il gémit de leur crédulité, et les yeux humides de pleurs, il frémit en se rappelant que la mort à laquelle ils se flattent de se dérober est le terme inévitable de tant d'efforts. Les acteurs espèrent, les spectateurs désespèrent, voilà toute la magie de ce chef-d'œuvre. Intitulez ce tableau NAUFRAGE, l'intérêt s'affaiblira; mais c'est le DÉLUGE, alors la terreur et la pitié sont à leur comble.

Ces masses de rochers, ces hautes montagnes qu'on aperçoit à l'horizon, promettent encore un asile. Les eaux peut-être ne les couvriront pas : voilà ce qui justifie tant d'efforts. Hélas! quelques jours de plus, et ces derniers refuges seront submergés. Combien cette triste vérité répand d'intérêt sur ces victimes futures de cet épouvantable fléau. Les infortunés! ils n'avaient plus que deux barques. L'une vient de se briser, et ce jeune homme vigoureux essaye en vain peut-être d'arracher aux flots ce vieillard, dont les bras supplians s'élèvent vers le ciel. L'autre, plus heureuse, a touché la rive escarpée. Une femme s'est sauvée, mais son époux! son enfant! avec quelle énergie de sentimens ce père soulève ce fruit de ses amours! avec quelle force, doublée par ses alarmes, cette mère a saisi le bras de son enfant! comme ce pilote les seconde! comme il pèse sur ce croc pour empêcher que la barque ne dérive! Mais cet imprudent dont les mains se cramponent à ses bords ne va-t-il pas l'entraîner? Un mouvement rétrograde, et peut-être cet enfant échappe aux mains de son père, et dans sa chûte s'écrasera sur les rochers. Qu'importe à ce malheureux! que tout périsse et qu'il se sauve. Voilà l'homme dans les dangers imminens.

Parmi la foule innombrable d'animaux associés dans ce jour de vengeance à la destruction de la race humaine, par quelle prédilection le Poussin n'offre-t-il à nos yeux que ce reptile, dont les longs replis se déroulent sur les flancs de ce roc? Si les crimes de l'homme ont allumé la colère céleste, quelle est la cause première de sa chûte, n'est-ce pas ce monstre? Tout est pensé, tout est réfléchi dans cet ouvrage.

Tout, dis-je, jusqu'à la couleur que le Poussin a employée; elle est livide et verdâtre. C'est le symptôme de la mort. Tout périra, et la vie serait éteinte sans retour, si l'arche que l'on aperçoit dans le lointain ne renfermait les germes des races futures.

S'il est vrai qu'un ouvrage sorti des mains de l'homme puisse atteindre à la perfection, l'on citera celui-ci comme exemple. Rien à ôter, rien à ajouter dans cette composition sublime. Le Poussin semble y avoir concentré toute la chaleur de son ame, toute la richesse de son imagination. Il a tout sacrifié à l'expression, et rien au désir de faire briller sa science. Son genre de couleur, au reste, convenait parfaitement à cette scène, et les plus grands coloristes

Pl. 598. RUISDAEL.

Des.né par le Comte. Gra.é à l'Eau-forte par Geisler. Ter.né par Niquet.

VUE D'UNE FORÊT.

Dessiné par S. le Roy.   Gravé par Ph.de Boutrois.

HENRY II, ROI DE FRANCE.

n'auraient pas peut-être, dans cette circonstance, produit autant d'effet.

Il prit ce sujet pour représenter l'hiver dans la suite des Quatre Saisons.

Ce chef-d'œuvre sort de l'ancienne collection de la couronne.

PLANCHE IV.

RUISDAEL (JACQUES).

VUE D'UNE FORÊT; *peint sur toile; hauteur un mètre soixante-sept centimètres ou quatre pieds; largeur un mètre quatre-vingt-treize centimètres ou cinq pieds neuf pouces six lignes.*

DANS une vaste forêt que traverse une petite rivière, on aperçoit une paysanne vêtue de rouge et montée sur un âne. Elle s'entretient avec un villageois que suit un bœuf. A gauche du tableau, un voyageur assis raccomode sa chaussure. Son bagage est à ses côtés. Dans le fond, quelques bestiaux pâturent; d'autres se désaltèrent. Les figures de ce tableau, l'un des plus importans que le Musée possède de ce grand paysagiste, ont été peintes par Berchem.

PLANCHE V.

CLOUET dit JANET (FRANÇOIS), vivait en 1547.

PORTRAIT DE HENRI II, ROI DE FRANCE; *peint sur bois; hauteur trente-cinq centimètres ou un pied; largeur vingt centimètres ou sept pouces six lignes.*

L'ARTISTE a représenté le fils de François I.er vêtu à l'espagnole, costume alors en usage à la cour de France. Ce prince est debout, coiffé d'une toque. Il tient ses gants de la main droite. Il a la main gauche appuyée sur le côté, au-dessus du pommeau de son épée. Il est dans une salle de son palais. Derrière lui sont deux grands rideaux verts drappés autour d'une porte.

La figure de ce monarque est sérieuse. L'on y remarque une sorte de mélancolie, suite nécessaire des soucis intérieurs que devait lui causer un règne peu heureux.

Ce portrait sort de l'ancienne collection des rois de France.

Le peintre Janet devait être jeune quand il fit cet ouvrage, car il vécut et florit sous François II, Charles IX et Henri III. Il avait, dit-on, un talent supérieur pour la miniature. Ronsard l'a célébré dans ses vers.

PLANCHE VI.

DÉMOSTHÈNES. — Statue.

Le prince des orateurs est ici représenté assis, enveloppé d'un manteau, étudiant une de ses harangues, dont il tient le manuscrit, à demi déroulé, sur ses genoux.

Cette statue, placée jadis à la *Villa Montalto*, depuis *Negroni*, fut transportée au Vatican par l'ordre de Pie VI. La tête a été rapportée. La lèvre inférieure est singulièrement rentrée. La ressemblance l'exigea sans doute ainsi. M. Visconti pense que l'on pourrait peut-être attribuer à cette conformation particulière, la difficulté que cet orateur éprouvait à prononcer.

DEMOSTHÈNES.

LES NOCES DE CANA.

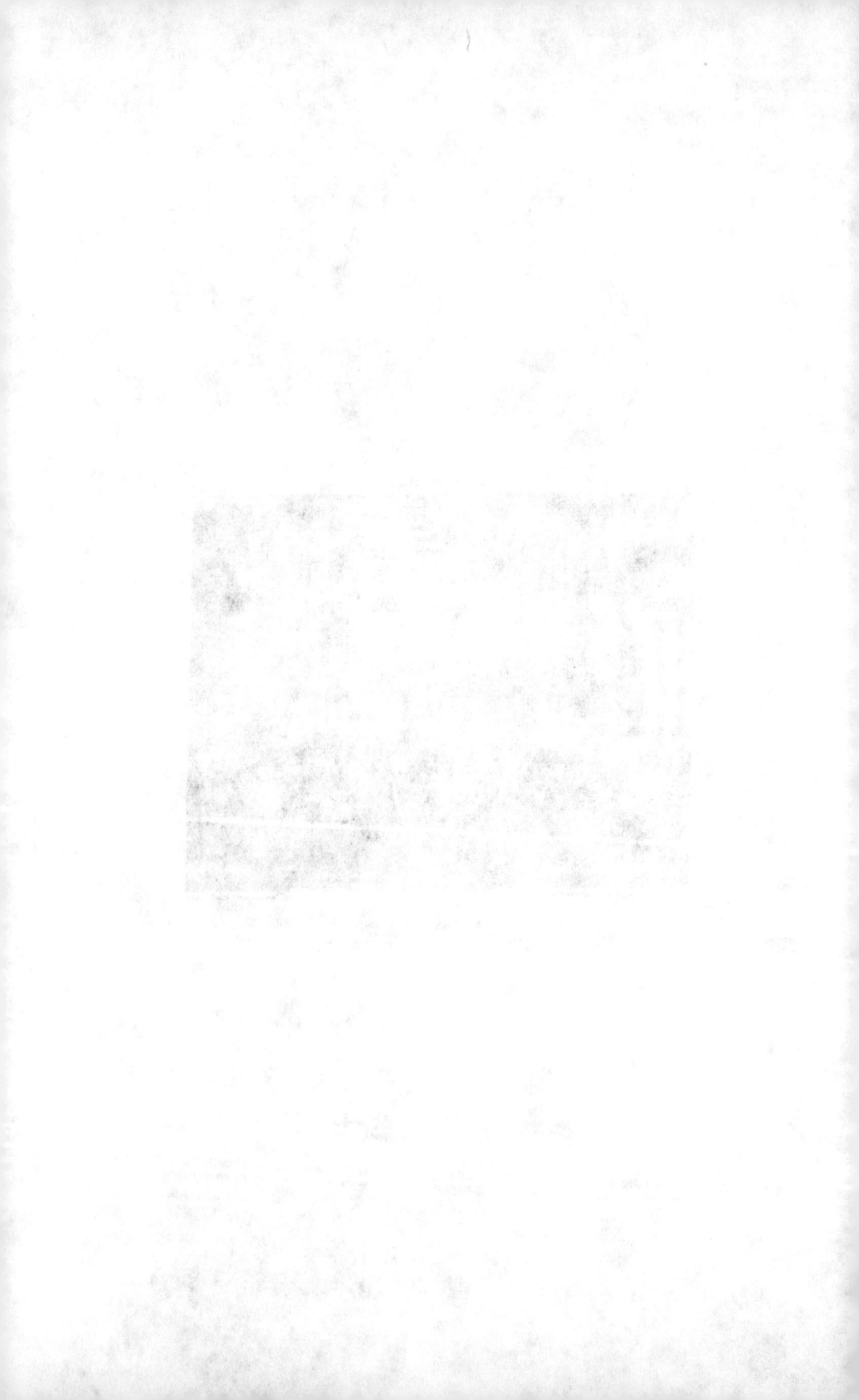

EXAMEN

DES PLANCHES.

CENT UNIÈME LIVRAISON.

PLANCHE PREMIÈRE.

PAOLO CALIARI (DIT PAUL VÉRONÈSE).

LES NOCES DE CANA; *peint sur toile; hauteur six mètres soixante-dix centimètres ou vingt pieds deux pouces; largeur neuf mètres quatre-vingts centimètres ou vingt-neuf pieds six pouces.*

PAUL VÉRONÈSE, jeune encore, venait de terminer dans le palais public à Venise le magnifique tableau dans lequel il avait représenté l'apothéose de la république, et semblait avoir épuisé, dans cette scène allégorique, toute la richesse de son imagination. Les Vénitiens, peu prévenus d'abord en faveur de son talent, surpris, charmés, enthou-siasmés à l'aspect de ce chef-d'œuvre, ne présumaient pas en effet qu'il pût rien produire dans la suite de plus admirable. Mais ce grand peintre qui, dans Rome, à la vue des magnifiques débris de l'antiquité et des beaux ouvrages des modernes, avait, selon l'expression d'un écrivain célèbre : *Al volo suo senti crescer le penne*, avait la conscience de sa force, et franchissant les limites que l'admiration même semblait imposer à son pinceau, exécuta le tableau que nous allons décrire, et dont la renommée sera éternelle, du moins tant que l'art de la

peinture sera en honneur chez les peuples policés, et que le goût
présidera aux brillantes imitations de la nature.

La représentation de ces banquets, religieusement désignés sous le
nom de Cènes, riait sans doute à son imagination ; car il s'y exerça
nombre de fois, et la souplesse de son génie lui permit de les varier
presqu'à l'infini. On cite entre autres, parmi ses productions en ce genre
de plus petite proportion, ses Noces de Cana, que l'on voyait au palais
Giustiniani ; le Repas que Saint Grégoire donne aux pauvres, que
possédaient les Servites à Vicenze, et beaucoup d'autres que l'on trouve
dans les cabinets des souverains et des amateurs. Venise possédait
quatre de ces Cènes ; mais dans les plus grandes dimensions. Les
Noces de Cana font le sujet de la première, et c'est le tableau que nous
publions ici. Il était placé dans le réfectoire de Saint George le Majeur.
Le second, que l'on voyait à Saint Jean et Saint Paul, est le Repas
offert à Jésus-Christ par Mathieu, dont les têtes sont si précieuses,
que le Ricci, quoique dans un âge avancé et jouissant de toute sa
renommée, les copiait encore pour sa propre instruction. Le troisième
était à Saint Sébastien, et c'est le Repas donné par Simon. Le même
sujet qu'il répéta dans le quatrième, était dans le réfectoire des Servites.
Celui-ci passa en France sous Louis XIV ; il décore aujourd'hui le
salon d'Hercule à Versailles, et tient le premier rang dans l'estime
des professeurs.

Certes, si jamais la bizarerie des anachronismes a dû blesser les
yeux et l'esprit des personnes jalouses de trouver dans un tableau les
convenances historiques respectées, elles seraient bien en droit d'adresser
de justes reproches à l'auteur des Noces de Cana. L'idée de faire
présider le Christ à un festin où siègent François I.er, Charles-Quint,
Soliman, des cardinaux, des moines, des seigneurs, des dames illustres ;
de leur faire servir dans des coupes d'or cette eau miraculeusement
transformée en vin par la puissance divine, comme s'il eût été possible
que le vin eût jamais manqué dans un banquet donné par des moines:
composer l'orchestre dont l'harmonie amuse cette assemblée incohérente
non de musiciens, mais de peintres ; cette idée, dis-je, est si singulière, que l'on pourrait en regarder l'exécution comme une boufonnerie,
si le caractère de Paul Véronèse était moins connu. Il était dans
l'usage de répondre à ceux qui se permettaient de lui faire quelques
observations sur ces inconvenances : « Que s'il n'eût admis que des

» figures de juifs inconnus à ce banquet, cette scène n'eût offert aucun
» intérêt, et que d'ailleurs l'uniformité des costumes antiques eût
» répandu sur son tableau une monotonie insupportable. » On ne peut
disconvenir qu'il avait raison; mais cela ne diminue pas la justice du
reproche.

Voici au reste les noms de quelques-uns des personnages assis à
cette table. A gauche du spectateur l'on voit Alphonse d'Avalos, marquis
de Guasto, à qui un nègre présente une coupe remplie de vin. Près
de lui est Eléonore, sœur de Charles V et femme de François Ier.
Son royal époux est assis à ses côtés. Vient ensuite Marie, reine
d'Angleterre et fille de Henri VIII. Un peu plus loin, se trouve
Soliman II, assis près d'un prince nègre, qui adresse la parole à un
domestique. La dame qui tient un curedent, est la célèbre Victoria
Colona, chère aux Muses, et veuve du marquis de Pescaire. Près
d'elle est l'empereur Charles-Quint, vu de profil, et décoré de l'ordre
de la Toison-d'Or. A l'autre extrémité de la table, sont deux cardinaux,
dont l'histoire ne nous a pas conservé les noms. Je présume que l'un
d'eux pourrait être le cardinal Grimani, issu d'une famille protectrice
de Paul Véronèse, et dont un membre l'avait dans sa jeunesse conduit
à Rome lorsqu'il était ambassadeur de Venise près de cette cour. Si
ma conjecture était vraie, ce serait celui de ces deux cardinaux dont
les traits sont empreints d'une sorte de mélancolie, effet naturel du
souvenir des illustres infortunes de son père. Les noms des moines
admis à ce banquet sont également inconnus. Les écrivains italiens
pensent que c'est un petit malheur, et je suis de leur avis.

M. Morel d'Arleu, dont j'ai souvent consulté les connaissances pendant
le cours de cet ouvrage, et qui a bien voulu me dire encore son opinion
sur ce magnifique tableau, trouve une preuve bien remarquable de
la noble et généreuse façon de penser de Paul Véronèse, et de son
admirable modestie dans le choix des personnages qui composent son
concert. Il ne craignit point, dit M. Morel, d'associer à son triomphe
les plus grands peintres de son tems, et voulut, selon l'expression de
Zanetti, éterniser le souvenir de l'harmonie qui régnait entre eux, en
leur donnant à chacun une partie à remplir dans le concert. Il s'est
représenté lui-même, vêtu de blanc et jouant du violoncelle. Le Tintoret
derrière lui, et le Titien en face jouant de la basse. Selon Boschini,
celui qui joue de la flûte est le Bassan dit le vieux, mais alors dans

son jeune âge. Paul Véronèse n'a point oublié son frère Benoît, son collaborateur pendant sa vie, et le soutien de ses enfans après sa mort. Il l'a peint debout, superbement vêtu, et tenant une coupe remplie de la liqueur qui vient d'être miraculeusement changée en vin.

La beauté du coloris, le charme de l'invention, l'admirable ensemble de la composition, la variété de l'expression répandue sur cette foule de personnages, dont le nombre s'élève à plus de cent, qui tous se meuvent, parlent, vont, viennent, sans se nuire, sans se confondre, et sans se dérober à la vue; la grandeur de la solemnité, la magnificence de l'architecture, l'harmonie générale étendue sur cette immense superficie, voilà ce qui, dans tous les tems, ramènera devant ce beau tableau les véritables amateurs, les jeunes gens jaloux de pénétrer les secrets de l'art, les artistes consommés, dont l'esprit, exempt d'envie, se plaît à rendre justice à l'excellence des talens; enfin cette classe nombreuse d'hommes qui, totalement étrangère à la théorie de la peinture, n'en considère que les effets et en juge par sentiment. Si la correction du dessin répondait partout au coloris vigoureux et à la savante distribution des lumières, ce tableau serait sans reproche; mais ces lumières sont si bien entendues, l'artifice en est si bien déguisé, la couleur est si vraie, qu'elles font oublier ce que le dessin peut quelquefois offrir de défectueux. Quand on voit ce tableau, l'on est bien tenté de partager l'opinion de Vasari, qui veut que les peintres nés à Vérone aient pour la couleur un tact particulier et supérieur à celui de tous les peintres vénitiens.

Qui croirait que ce chef-d'œuvre ne valut à son auteur que la modique somme de quatre-vingt-dix ducats? C'est un fait attesté par l'histoire. Le désintéressement de Paul Véronèse égalait sa modestie. L'amour de la gloire l'emportait en lui sur tout autre sentiment. Cette gloire lui tenait lieu de richesses, et il se crut payé par l'honneur d'avoir rivalisé avec le célèbre architecte Palladio, en décorant le réfectoire d'un couvent que cet habile homme venait de construire avec tant de magnificence. Les historiens vénitiens veulent que c'ait été là son intention quand il entreprit ce tableau; le succès couronna le noble orgueil d'une semblable rivalité.

MARS ET VENUS.

(5)

PLANCHE II.

PARIS BORDONE.

MARS ET VÉNUS COURONNÉS PAR LA VICTOIRE; *peint sur toile; hauteur un mètre douze centimètres ou trois pieds quatre pouces six lignes; largeur un mètre soixante-douze centimètres ou cinq pieds trois pouces.*

La brillante imagination des peintres vénitiens les porta souvent à embellir de quelque fiction pittoresque les portraits qu'ils entreprenaient; et l'entourage mithologique que le Bordone a prêté aux figures de ce tableau n'empêche pas de reconnaître qu'il ne s'agit ici que des portraits de quelques riches Vénitiens. Ce qui prouve que cette opinion est fondée, c'est que tous les historiens qui ont traité de ce peintre, s'accordent à dire que ses portraits sont extrêmement recherchés dans les collections, non-seulement parce qu'ils les ajustait à la manière du Giorgione, mais encore parce qu'ils lui servaient de motif pour faire briller son art pour les inventions qu'il variait avec esprit, et qui, souvent capricieuses, sont néanmoins toujours belles. Assurément les deux figures principales de ce tableau n'ont rien de ce beau idéal dont usent les peintres pour représenter les Divinités; c'est tout simplement un guerrier vénitien et son épouse ou sa maîtresse. On peut reprocher à ce tableau quelques incorrections de dessin; mais il y règne une grâce particulière qui n'était connue que de l'auteur. Ce peintre célèbre qui reçut des leçons du Titien, mit plus de variété dans sa couleur que son illustre maître. On ne soupçonnerait jamais que ce tableau et celui si fameux de l'Anneau de Saint-Marc que l'on admire au Musée, fussent de la même main.

Celui-ci sort de la galerie de Vienne.

PLANCHE III.

METZU (Gabriel).

UNE MARCHANDE DE VOLAILLE; *peint sur bois; hauteur trente - neuf centimètres ou quatorze pouces ; largeur trente - quatre centimètres ou un pied.*

Deux femmes causent ensemble. L'une est la marchande, l'autre une cuisinière qui se dispose à payer le prix d'une volaille qu'elle vient d'acheter. Elle porte à son bras un de ces petits seaux de bois dont on se sert en Hollande en place de panier, pour aller au marché. Le petit chien de cette cuisinière serait bien tenté de s'approprier une pièce de gibier mise en étalage sur un banc. Les pattes posées contre le banc, le chien dévore l'oiseau de l'œil; mais sa grosseur l'effraie, et la crainte du châtiment le retient.

Nous avons déjà publié plusieurs tableaux de cet habile maître, et il faudrait à chaque fois répéter les éloges si bien dus à un semblable talent. Celui-ci n'est inférieur à aucune de ses productions. On y retrouve son exécution brillante, sa touche large, son incroyable intelligence à mettre en harmonie les couleurs les plus tranchantes avec les plus douces, son fini précieux, ses intentions spirituelles, et cette nature qu'il savait pour ainsi dire prendre sur le fait.

On pourrait exiger dans ce tableau une connaissance plus parfaite de la perspective. Les fonds ne sont point en proportion avec les figures, et ne sont en harmonie avec elles que par le ton. La distance du pont et des maisons, vus dans le lointain, n'est pas motivée; et la mesure près de laquelle la marchande est assise n'est point en rapport avec les détails.

Desiné par Girod. Gr. à l'eau-forte par Lerouge 1. Ter. par Dumbrun.

LA MARCHANDE DE VOLAILLE.

PAYSAGE.

PLANCHE IV.

GASPARD DUGHET (dit Gaspre Poussin).

UN PAYSAGE; *peint sur toile; hauteur quarante-neuf centimètres ou un pied six pouces; largeur soixante-cinq centimètres ou deux pieds.*

On sait que Dughet dut ce surnom de Poussin à l'honneur qu'il eut d'être tout-à-la-fois beau-frère, ami et élève de ce grand peintre. L'aspect agreste et presque sauvage de ce paysage semble en quelque sorte étranger au goût qu'il avait communément de ne choisir que les vues les plus capables d'enchanter les yeux du spectateur. Les sites les plus riants, ombragés de peupliers élégans et flexibles, rafraîchis par de limpides fontaines, tapissés de vertes prairies, coupés de coteaux agréables, enrichis de fabriques pittoresques et de retraites délicieuses, tels étaient les objets que son pinceau aimait de préférence à retracer. Les environs de Rome, les territoires de Tusculum ou de Tibur sont les mines inépuisables qu'il exploita presque toujours. On ne reconnaît donc pas dans le tableau que nous présentons ici son penchant à copier tout ce qui lui paraissait gracieux. Ce terrain pierreux, cette rivière qui se précipite avec fracas, ces mâsures rustiques, n'amuseraient point ou pour mieux dire n'intéresseraient point le spectateur, si l'on n'y retrouvait pas ce don qu'il avait reçu de la nature, cette qualité qui lui était particulière et que l'étude ne donne pas; c'est-à-dire, une sorte de langage qui exprime plus qu'il ne dit, une sorte d'éloquence poétique, qui, même dans ses mouvemens, laisse encore à deviner. Cette magie que le Gaspre possédait, se fait surtout sentir ici. Personne ne voudrait habiter dans ces lieux; cependant ils plaisent à l'homme du monde comme à l'homme des champs. Un charme secret vous y retient, on aime à en chercher, à en parcourir les détours. Ces pêcheurs amusent la pensée; on croit entendre le bruit de cette cascade; enfin, le peintre doit son tableau à la nature, mais cette nature doit au peintre des charmes qu'elle n'a pas. C'est par ce goût pour les sites gracieux, et par son talent à les embellir, quand ils sont plus austères, qu'on le distingue du Salvator Rosa, son contemporain, et presque son rival, qui ne choisissait dans la nature que les aspects les plus âpres et les plus formidables, et cherchait encore dans son imagination , tout ce qui pouvait ajouter à leur horreur. Au reste, le Gaspre était dirigé par son célèbre beau-frère dans le choix de la belle nature et dans l'esprit à donner aux figures; doit-on s'étonner après cela qu'un artiste [doué de si grandes dispositions , et guidé par de semblables conseils ait obtenu des succès constans?

PLANCHE V.

ÉCOLE FLAMANDE.

PORTRAIT DE FRANÇOIS RABELAIS ; *peint sur bois ; hauteur trente-six centim. ou treize pouces ; vingt-huit centim. ou neuf pouces.*

RIEN n'est moins authentique que ce portrait de Rabelais. L'auteur de *Gargantua* fut successivement franciscain, bénédictin et prêtre séculier, et ce costume de fantaisie n'a rien de commun avec ces diverses professions. Ce portrait ne ressemble en rien à celui que l'on voit en tête de ses œuvres. Les historiens d'ailleurs disent que le curé de Meudon avait un port noble et majestueux, un visage régulièrement beau, une physionomie spirituelle , des yeux pleins de feu et de douceur, etc., et certes on ne dira pas que cette tête offre aucun de ces caractères. Elle a beaucoup plus d'analogie avec celle d'un jeune homme qui tient entre ses mains une souricière, que l'on voit dans la collection du Musée. Au reste, ce portrait n'a d'autre mérite que de passer pour être celui de cette écrivain célèbre.

PLANCHE VI.

FAUNE AVEC LA PANTHÈRE. — STATUE.

LE Musée possède deux faunes entièrement semblables. La seule différence est que l'un est représenté entièrement nud, et que celui que nous publions ici porte la *nebride* en écharpe. Il s'apprête à donner un coup de son *pedum*, ou bâton pastoral, à une jeune panthère, animal bachique, qui vient de renverser un vase.

Cette statue, assez bien conservée, est de marbre de Paros.

FR.çois RABELAIS.

FAUNE ET PANTHÈRE.

Déss par S. le Roy.   Grav. à l'eau-forte par Quaverdo.   Term. par Ligeot.

LA VIERGE AU DONATAIRE.

EXAMEN

DES PLANCHES.

CENT DEUXIÈME LIVRAISON.

PLANCHE PREMIÈRE.

RAPHAEL.

LA VIERGE AU DONATAIRE, dite DE FOLIGNO ; *peint sur bois et récemment transporté sur toile ; hauteur deux mètres quatre-vingt-quatorze centimètres quatre millimètres ou huit pieds dix pouces ; largeur un mètre soixante-un centimètres deux millimètres ou cinq pieds dix pouces.*

CET admirable tableau a de tout tems été classé parmi les nombreux chef-d'œuvres sortis du pinceau de Raphaël.

Ce grand peintre exécuta cet ouvrage à la prière de *Sigismond Conti*, camerier et secrétaire du pape Jules II, et frère, à ce que l'on croit, de *Giuste Conti*, connu par un recueil de vers anacréontiques, publié d'abord à Venise en 1492, et ensuite à Paris en 1595, sous le titre de *La bella mano*. Sigismond Conti était lui-même estimé des savans de son tems par ses connaissances étendues ; et ce fut à ses talens, plus encore qu'aux emplois dont il était revêtu, qu'il dut l'honneur d'être ami de Raphaël.

Ce tableau fut d'abord placé, par son propriétaire, au maître-autel de l'église de l'*Araceli*, à Rome. Après la mort de Sigismond, sa

nièce *Anna Conti*, religieuse, le fit transporter à Foligno, et en fit
don à l'église des dames de Sainte-Anne, dites *Le Contesse*, et c'est
de là qu'il est sorti pour entrer au Musée.

Saint Jean, Saint François et Saint Jérôme adressent à la Vierge
Marie leurs prières en faveur de Sigismond, que l'on aperçoit à
genoux sur le devant du tableau. La Vierge, assise et portée sur des
nuages, entourée d'une gloire d'anges, tient l'enfant Jésus sur ses
genoux. Cet enfant a saisi de sa main droite un des pans du manteau
de sa mère, et semble, en se jouant, essayer d'en couvrir ses épaules.
Au-dessous de la Vierge, et au milieu des quatre personnages qui
l'invoquent, un ange debout, dont la taille et les formes sont enfan-
tines, tient une tablette destinée sans doute par le peintre à recevoir
le nom du donataire. Le fond représente un paysage et les environs
d'une ville, dont on aperçoit les édifices dans l'éloignement.

Ce tableau est capital dans toutes ses parties. On ne sait ce que
l'on doit admirer davantage ou de la pureté du dessin, ou de l'exécution des figures, ou de l'élégante souplesse des draperies. Il règne
dans la tête de la Vierge un sentiment de modestie, on dirait presque
d'humilité inimitable. Quelle ferveur anime ces trois personnages,
dont les vœux s'élèvent jusqu'à elle! quelle imposante majesté dans
les regards du saint précurseur, dont le geste semble appeler le respect
et les hommages du spectateur pour la mère de son divin maître!
Mais dans ce chef-d'œuvre, un chef-d'œuvre à part, s'il m'est permis
de parler ainsi, c'est la figure de l'ange qui tient la tablette. Sa tête
est une des merveilles de la peinture, et comme pureté de formes
et comme enthousiasme de couleur. En étudiant ce tableau, quel
téméraire, quel insensé oserait nier que la nature eût prodigué à
Raphaël tous les moyens de devenir le plus grand de tous les peintres?
Comment, par des procédés totalement étrangers à l'école des Vénitiens,
est-il cependant parvenu, dans ce tableau, à se montrer l'égal de leurs
plus grands coloristes? C'est toujours sa même manière de peindre,
mais ici elle est plus animée, plus brûlante que dans ses autres
ouvrages.

Ce précieux tableau fut anciennement gravé par *Vincenzio Vittoria*.
Il vient de l'être récemment par M. Auguste Desnoyers. Cet artiste
distingué a rendu avec une exactitude extrême et un véritable talent
tous les caractères. Sa gravure réunit à la pureté du burin toute

l'harmonie que l'on admire dans le tableau. Elle lui assigne une place honorable parmi les graveurs célèbres dont les ouvrages ont illustré la France.

Tous les amis des arts connaissent les procédés ingénieux que M. Hacquin a pour ainsi dire créés pour la restauration des tableaux que le peu de soin, l'humidité des temples, la fumée de l'encens et la main du tems détériorent en Italie peut-être plus qu'ailleurs, et l'état de dépérissement où se trouvaient plusieurs de ceux que l'on doit aux victoires de Sa Majesté l'Empereur et Roi, prouvent que cette assertion est fondée. Lorsque celui que je viens de décrire fut recueilli à Foligno, les membres de la commission des arts le trouvèrent tellement dégradé, qu'ils ne se déterminèrent à en ordonner le transport, qu'après avoir fait coller des gazes sur la surface, pour contenir la peinture qui, dans plusieurs endroits, quittait le fond. Indépendamment des symptômes de la ruine prochaine de ce chef-d'œuvre, la table de bois blanc sur laquelle il était peint s'était fendue à l'extrémité supérieure. Cette lézarde descendait jusqu'au pied gauche de l'enfant Jésus. La table s'était bombée des deux côtés du tableau ; les écailles s'étaient entièrement détachées, et les vers, dont on distinguait les nombreuses piqûres, accéléraient la perte de ce beau monument. Voilà les dangers, voilà les ennemis dont l'habile restaurateur l'a délivré en le transportant sur toile.

La description de cette opération si longue, si difficile, qui demandait un soin, une attention, une prudence, une dextérité, une patience, un amour de l'art enfin peu communs, est étrangère à mon ouvrage. Il me suffit de dire qu'elle s'est faite sous les yeux d'une commission de l'Institut de France, composée de MM. Guiton, Bertholet, Vincent et Taunay, dont la formation avait été provoquée par l'administration du Musée, qu'une délicatesse aussi naturelle que bien fondée, empêchait de rien mettre au hazard quand il s'agissait d'un objet aussi capital, et dont elle était responsable à l'Europe. Le succès n'a point démenti les espérances. On peut dire même qu'il les a surpassées. Ce beau tableau, rendu à toute sa fraîcheur, semble sortir de l'atelier du grand peintre dont l'immense talent l'a produit. Si l'Italie eut la gloire d'avoir donné le jour à ce magnifique ouvrage, la France a celle de l'avoir ressuscité pour plusieurs siècles encore.

Les rapports faits à l'Institut de France, dans lesquels j'ai puisé les détails rapides dans lesquels je viens d'entrer, peuvent être consultés par les amateurs, jaloux de connaître plus au long les procédés dont M. Hacquin a usé.

C'est au traité de Tolentino que le Musée est redevable de la jouissance de ce tableau.

PLANCHE II.

VÉRONÈSE (PAUL).

LE CHRIST PORTANT SA CROIX; *peint sur bois; hauteur cinquante-sept centimètres ou vingt-un pouces trois lignes; largeur soixante-dix centimètres ou deux pieds.*

À ne considérer le sujet de ce tableau que sous un point de vue purement humain, et le dépouillant de tout ce que les idées religieuses peuvent y ajouter de respectable et de sacré, il n'en est guères de plus touchant. L'histoire offre rarement à la peinture une scène plus capable de frapper et d'intéresser le spectateur. Un infortuné, un innocent, victime d'un jugement inique, jugement sollicité par la calomnie, inspiré par l'intolérance, et rendu par la crédulité, l'aveuglement et l'ignorance; un sage, aussi vertueux que modeste, condamné à mort pour avoir enseigné aux hommes des vérités éternelles et les principes de la morale la plus pure, forcé de traîner jusqu'au lieu de son supplice le pesant fardeau d'une croix qui doit en être le théâtre; succombant sous cet horrible faix; le visage inondé de sueur, et défiguré par le sang que font ruisseler les pointes aigues des épines dont il est couronné; maltraité plutôt que soulagé par les bourreaux qui feignent de l'aider; enfin, une malheureuse mère présente à l'épouvantable traitement que l'on fait éprouver à son fils, et que la douleur fait évanouir dans les bras d'une amie; tel est le spectacle déchirant que la peinture a mis nombre de fois sous nos yeux, et dont Paul Véronèse s'est emparé à son tour pour le rendre avec toute la force de son génie et de son beau talent.

En examinant ce tableau, il est facile de reconnaître que l'époque où il l'exécuta dut être celle où le talent de ce grand peintre était

P. VÉRONÈSE.

LE CHRIST PORTANT SA CROIX.

VAN DER HELST.

Dessiné par J. Marchais ?   Gravé par Portman ?

LES BOURGMESTRES DISTRIBUANT LE PRIX DE L'ARC.

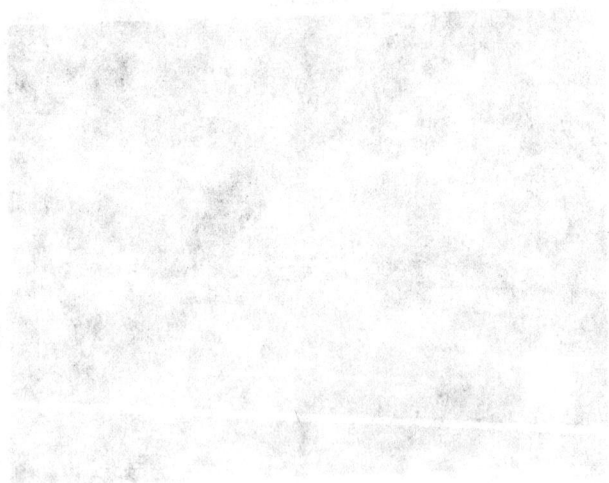

dans la plus grande force. La composition en est sage et bien ordonnée. Point d'épisode superflue; point de personnages inutiles. Le
coloris est admirable. L'exécution est ferme et brillante, peut-être
trop même pour un tableau de petite proportion, et qui par conséquent
doit être vu de près ; mais il est présumable que Paul Véronèse
l'exécuta pour un retable d'autel, et dès-lors l'observation tombe.

Ce beau tableau faisait partie de l'ancienne collection de la couronne.

PLANCHE III.

HELST (Bertholomée van der).

LES BOURGUEMESTRES DISTRIBUANT LE PRIX DE L'ARC;
*peint sur toile, colé sur bois ; hauteur quarante-neuf centimètres ou
ou un pied six pouces ; largeur soixante-sept centimètres ou deux
pieds.*

L'arc est de toutes les armes connues la plus ancienne. L'écriture
attribue son invention à Nembrod, et la mythologie des payens à
Scythès, fils de Jupiter. Quelques peuples de l'Afrique et de l'Asie
s'en servent encore dans les combats. On la remarque dans les batailles
chinoises, dont les dessins ont été gravés en France dans le siècle
dernier; mais depuis long-tems elle n'est plus d'usage parmi les
guerriers d'Europe. Elle ne s'y est conservée que pour l'amusement
et l'exercice de la jeunesse; et plusieurs villes de France, de Hollande,
d'Allemagne, etc., ont encore des compagnies d'archers qui se réu-
nissent à telle époque de l'année pour disputer le prix de l'adresse
dans cette arme.

Le sujet que Van der Helst a choisi, est l'instant où les bourgue-
mestres d'une ville de Hollande délibèrent sur la nature et le rang
des prix qu'ils se proposent de décerner aux vainqueurs que l'on
aperçoit réunis dans le fond du tableau.

Ces magistrats sont assis, et tiennent chacun un des divers bijoux
qu'ils se proposent de donner. Une femme placée derrière eux, tient
un de ces verres d'une forme bizarre, mais richement garnis, dont
les gens riches se servaient à cette époque, et, selon toute apparence,

vient leur proposer de se rafraîchir ; un bel épagneul est assis sur le devant, et s'occupe peu de ce qui se passe.

Ce bel ouvrage est le seul de ce grand peintre que possède le Musée Napoléon, et il peut être rangé dans la classe des plus précieux tableaux que l'on admire dans cette collection étonnante et sublime par l'immensité des chef-d'œuvres qu'elle renferme. Ce tableau est l'une des plus belles productions de Van der Helst, que l'on mit souvent, et quelque fois avec justice, au-dessus de Rembrand et de Vandick, et qui, suivant Descamps et Falconet, leur était supérieur, parce qu'il était plus vrai : et c'est surtout dans un de ses tableaux exposés dans la maison de ville d'Amsterdam, représentant des Chefs de l'arquebuse qui boivent et mangent ensemble, qu'il mérite cet éloge. C'est un des plus beaux tableaux du monde.

Van der Helst ne voyagea point ; il ne connut ni la France, ni l'Italie. Il est donc des génies qui n'ont pas besoin de comparer pour devenir supérieurs ! Ils ne consultent que la nature, et dans tous les arts c'est la grande maîtresse quand le goût modifie ses leçons.

On reconnaît dans ce tableau une grande manière, des draperies larges, un dessin correct, un coloris admirable ; rien de froid, rien de léché quoique d'un fini précieux ; enfin, toutes les qualités familières à ce grand peintre et qui l'ont immortalisé.

PLANCHE IV.

POUSSIN (NICOLAS.).

DIOGÈNE JETANT SA COUPE ; *peint sur toile ; hauteur un mètre cinquante-cinq centimètres ou quatre pieds huit pouces six lignes ; largeur deux mètres dix-huit centimètres ou six pieds six pouces neuf lignes.*

IL semble que la qualification de chef-d'œuvre soit inhérente à chaque production du Poussin. Si tant de fois dans le cours de cet ouvrage nous l'avons admiré dans ses compositions comme le premier des peintres d'histoire, nous devons le considérer ici comme le plus grand des paysagistes. Quel beau choix de nature dans l'arrangement

DIOGÈNE JETANT SA COUPE.

Des.^é par Marchais.   Grav.^é à l'Eau-forte par Bertaux et Guyther.   Term.^é par Duparc.

VOITURE ATTELÉE DE SIX CHEVAUX GRIS.

de ce site délicieux et magnifique! quelle majesté dans les lignes!
quelle noblesse dans les édifices et les fabriques! quelle vérité dans le
ton et la dégradation de la lumière! il faut donc le répéter, c'est
un tableau du Poussin, et c'est encore un chef-d'œuvre.

Mais si ce bel ouvrage atteste la richesse et les brillans prestiges
de sa riante imagination, l'épisode qu'il y a introduite prouve la
philosophie qui présidait à toutes ses pensées. Quels sont ces deux
personnages que l'on voit sur le devant? L'un est un jeune homme
agenouillé sur les bords d'un ruisseau, et puisant, dans le creux de
sa main, de l'eau pour se désaltérer; l'autre est Diogène, regardant
avec étonnement cette action, et disant, en jetant au loin la coupe
dont il se sert pour boire : « Tu m'apprends que je possédais encore
» du superflu. »

Ainsi donc, au pied des édifices pompeux que le faste édifie, dans
les sentiers fleuris offerts à l'opulence pour l'égarer dans ces retraites
délicieuses, le Poussin a placé l'homme instruit par la philosophie
à dédaigner tout ce que la richesse procure, tout ce que le luxe
invente, tout ce que la fortune accorde. Quel ingénieux rapprochement!
Est-ce une leçon qu'il a voulu nous donner? Hélas! je contemple ce
tableau : orgueil de la richesse, orgueil de la philosophie; où donc est le
vrai sage, où donc est l'homme heureux? C'est peut-être cet adolescent
qui boit dans le creux de sa main, et n'habite ni les palais des grands,
ni le tonneau du cinique.

Ce beau tableau faisait partie de l'ancienne collection de la couronne.

PLANCHE V.

MEULEN (VANDER).

VOITURE ATTELÉE DE SIX CHEVAUX PIES; *peint sur toile;
hauteur soixante-quatre centimètres ou deux pieds; largeur quatre-
vingt-treize centimètres ou deux pieds dix pouces.*

VANDER-MEULEN a représenté dans ce tableau le passage d'une
princesse de la cour de Louis XIV, se rendant à l'armée pour rejoindre
ce monarque. A l'approche de quelques cavaliers, la voiture s'est
arrêtée. Cette dame reçoit leurs hommages, et écoute les nouvelles qu'ils

lui donnent de l'armée. On aperçoit à l'extrémité du grand chemin une
ville où cette princesse, selon toute apparence, a passé la nuit.

Ce tableau est dû aux conquêtes de 1806. C'est un des meilleurs
tableaux de chevalet que cet habile homme ait produit. Il réunit aux
précieux talens qu'il avait pour peindre les chevaux, une couleur
aussi vraie et une touche aussi spirituelle que celle du célèbre Téniers.

PLANCHE VI.

MINERVE. — Statue.

DANS l'ouvrage publié par MM. Visconti, Schweygauser et Petit
Radel, ces savans donnent une description de cette statue, long-tems
oubliée pour ainsi dire dans l'ancienne salle des antiques du Louvre.
Elle est de marbre pentélique. La tête a beaucoup souffert. Les bras
antiques sont perdus, ou n'existent plus.

Ces savans regardent cette statue comme un objet important par
la connaissance qu'elle donne des costumes de l'antiquité. Selon eux,
les Grecs donnaient le nom de *diplax*, c'est-à-dire double, à l'ample
manteau dont cette déesse paraît ici couverte. On peut juger qu'il
est d'une étoffe très-forte. Il ne s'applique point sur le corps; mais
l'enveloppe presque dans son entier, et est attaché sur l'épaule droite
comme s'attachaient les chlamydes. Ici, l'égide couvre la partie supérieure du dos et les épaules, et est attachée sur la poitrine par une
tête de Méduse. Les artistes de l'antiquité ont beaucoup varié sur
la manière de placer cette égide.

Au reste, le manteau dont cette statue est drapée était d'usage du
tems d'Homère, et il nous peint dans ses vers les princesses occupées
à broder ce vêtement.

Cette statue est aujourd'hui placée dans la salle dite des Hommes
Illustres, au Musée Napoléon.

Dessiné par Vauthier.   Gravé par Migneret.

MINERVE.

EXAMEN
DES PLANCHES.

PLANCHE PREMIÈRE.

LAIRESSE (GÉRARD DE).

LA MALADIE D'ANTIOCHUS; *peint sur bois; hauteur trente-un centimètres ou vingt-trois pouces six lignes; largeur quarante-six centimètres ou vingt-huit pouces six lignes.*

Nous avons précédemment publié un tableau d'Adrien Van der Werff, représentant le même sujet (*Vide* planche 392); ainsi nous ne répéterons pas ce que nous avons dit sur ce trait d'histoire, parfaitement connu d'ailleurs. Il nous suffira donc d'examiner ici de quelle manière Gérard de Lairesse l'a traité.

L'amour qu'Antiochus Soter avait conçu pour Stratonice, sa belle-mère, avait altéré sa santé, et les combats que sa vertu lui livrait chaque jour pour étouffer une passion criminelle et offensante pour Seleucus Nicanor, son père, le conduisaient au tombeau. La cause de cette maladie n'avait point échappé au médecin Erasistrate, et ce célèbre élève du divin Hypocrate avait cru devoir la découvrir à Seleucus. Ce roi généreux préféra le salut de son fils à sa propre satisfaction, et se détermina à lui céder Stratonice. C'est l'instant où il remplit ce grand acte de tendresse paternelle que Lairesse a choisi. Séleucus amène Stratonice à Antiochus, que sa santé affaiblie retient dans son lit. Erasistrate est présent, et observe l'impression que fera sur le malade l'annonce imprévue de son bonheur. Voilà la scène.

Le peintre l'a enrichie de tout le faste ordinaire aux cours de l'Orient, et de toute la pompe dont l'histoire, aussi bien que les romans, entoure les monarques de l'Asie. Le lit d'Antiochus est un véritable trône, dont le dais est soutenu par de magnifiques Cariathides. Une riche draperie, relevée par des glands, sert de rideaux à ce lit, que précède une de ces balustrades qui ne sont d'usage que dans les chambres habitées par les rois. Le peintre, pour couper la ligne trop monotone de celle-ci, l'a ingénieusement recouverte d'un voile, ou tunique, jetée au hazard sur l'appui. De superbes candelabres, des cipes qui supportent des cassolettes où fument des parfums, décorent cet appartement, dont les portes sont confiées à des gardes, qui sans doute ont suivi Séleucus. Dans le fond, on aperçoit, à travers des arcades, les caissons des plafonds d'une galerie dont la perspective interrompue par un balcon laisse deviner l'immense profondeur.

Séleucus et Stratonice sont richement vêtus, et l'expression de ces figures est assez bien sentie. Celle de Séleucus est pleine de bonté. Son bras droit s'appuie sur la reine, et de l'autre main il semble montrer à Antiochus le sceptre et la couronne qu'il vient de déposer sur un guéridon recouvert d'un tapis. Une grande modestie règne sur le visage et dans la pose tout-à-la-fois noble et majestueuse de Stratonice. Il serait difficile de démêler ce qui, dans ce moment, se passe dans son ame, et il me semble qu'en cela, Lairesse, que l'on a plus d'une fois accusé de peu de profondeur dans ses pensées, a parfaitement saisi les convenances. Antiochus, sur son séant, écoute, les yeux baissés, les paroles que son père lui adresse. Ses traits jeunes, mais altérés par les souffrances, sont mélancoliques. Le sourire est absent de ses lèvres ; mais il me semble qu'un sentiment presqu'imperceptible de satisfaction intérieure réchauffe déjà ces traits si long-tems glacés par la tristesse.

L'action de Séleucus, montrant à Antiochus le sceptre et la couronne, est un anachronisme ou un équivoque. Si le peintre a voulu faire entendre qu'il les cède à son fils, c'est un anachronisme. Séleucus lui céda bien son épouse, mais non pas son empire. Ce grand roi,

Dess. par Marchais. Gra.^e a l'eau-forte par Chatinière. Term. par Villerey.

TENTES DE VIVANDIERS.

l'un des élèves et des lieutenans d'Alexandre, vainqueur d'Antigone à
Ipsus, conquérant de la Syrie et fondateur du royaume des Séleucides,
régna trente quatre ans, et fut assassiné à Argon par Ptolomée Céraune,
lorsqu'il se disposait à envahir la Thrace et la Macédoine. Antiochus
Soter, dont il s'agit dans ce tableau, ne lui succéda qu'à cette époque ;
ainsi donc, en considérant ici ce sceptre et cette couronne comme
un anachronisme, il faut supposer que le peintre n'aurait pas assez bien
connu l'histoire. En admettant au contraire qu'elle lui fût présente,
ce sceptre et cette couronne, inutiles dans ce tableau, forment un
équivoque qu'il eût dû éviter, parce qu'aux yeux du spectateur ils
prêtent à Séleucus une intention qu'il ne peut avoir, et dont le mensonge
peut induire en erreur les hommes peu instruits.

Quoiqu'il en soit, ce tableau peut être considéré comme un des
plus beaux de ce maître. Cette composition est belle, bien disposée,
bien entendue, bien ordonnée. L'exécution en est également précieuse.
Les auteurs du Dictionnaire des arts, qui traitent Gérard de Lairesse
avec une sévérité qui ressemble presqu'à la haine, n'auraient pas
avancé sans doute, s'ils eussent connu ce tableau, qu'il n'avait que
la charlatannerie de l'élégance.

On le doit aux conquêtes de 1806.

PLANCHE II.

BOURDON (Sébastien).

TENTES DE VIVANDIERS ; *peint sur bois ; hauteur trente-cinq
centimètres ou douze pouces neuf lignes ; largeur quarante-huit
centimètres ou un pied six pouces.*

L'on aperçoit, sous l'une de ces tentes, des soldats assis, mal
équippés, et qu'à leur longue barbe, leurs cheveux négligés, leurs
habits en désordre et leur mine sinistre, on prendrait plutôt pour des
brigands que pour des militaires. Ce ne sont assurément pas des
français que le Bourdon a représentés. Ils jouent aux cartes sur un
tonneau défoncé. Un homme fumant sa pipe les regarde. Sur le devant,
une vivandière est assise, le dos appuyé contre un arbre. Elle porte

sur ses genoux un enfant au maillot, qu'elle vient d'alaiter. De la main droite elle tient un verre, qu'elle présente à une jeune fille qui lui verse à boire. A sa gauche sont des ustensiles de ménage, et derrière le tronc de l'arbre contre lequel elle se repose, on voit une barrique. Dans la seconde tente, un cavalier fait entrer son cheval; tandis qu'un homme tire un broc de vin à une futaille, pour un voyageur à moitié caché par un pillier qui supporte une poutre sur laquelle est jetée la toile de la première tente. A ce pillier pend une méchante enseigne, sur laquelle on lit : *bon vin* 1643, année pendant laquelle sans doute ce tableau fut exécuté.

Il est d'une couleur très-agréable. Le sujet et la grande vérité de la scène prouvent que l'auteur avait servi. En effet, la misère l'avait forcé de s'engager pendant qu'il était à Rome.

On doit cet ouvrage aux conquêtes de 1806.

PLANCHE III.

TENIERS (DAVID).

LE RENIEMENT DE SAINT PIERRE ; *peint sur cuivre ; hauteur trente-six centimètres ou un pied neuf lignes; largeur cinquante-un centimètres ou un pied six pouces neuf lignes.*

MALGRÉ le respect que l'on doit à la mémoire d'un aussi grand peintre, malgré même la vérité d'expression et l'exécution parfaite que l'on remarque dans ce tableau, en ne le considérant que sous le point de vue historique, l'on est forcé d'avouer qu'il blesse toutes les convenances, et qu'il serait bien plutôt le résultat de l'une de ces bizareries d'esprit dont les grands talens ne sont pas toujours exempts, que la conception d'une tête bien organisée et jalouse d'appeler l'estime sur ses productions. En effet, il n'a ni la gravité, ni la noblesse, ni la dignité qu'un tel sujet exige, et certes colloquer Saint Pierre dans un cabaret flamand, au milieu de soldats du dix-septième siècle, coiffés de chapeaux à plumes et de hauberts, vêtus de jaquettes, bottés, éperonnés, cuirassés, occupés à s'enivrer de bière, à fumer et à jouer aux cartes, c'est une de ces bouffonneries qu'à peine l'on pardonnerait

9. TENIERS.

Desse. par Girod.   Grav.é a l'eau-forte par D.ngle. Bertraux.   Termi.é par Langlois, J.ne

LE RENIEMENT DE S.t PIERRE.

à Scaron. On dira peut-être que Saint Pierre était lui-même de la
classe du peuple, que par conséquent sa présence, dans un semblable
lieu, n'est pas aussi déplacée que je veux le faire entendre, et que
ce tableau n'offre tout au plus qu'anachronisme de costume ; mais
sans m'exagérer les égards que la philosophie même doit aux opinions
religieuses reçues par plusieurs nations, je pense que les gens sensés,
en ne consultant que le goût et la raison, seront de mon avis, s'ils
réfléchissent que le reniement de Saint Pierre est une épisode de
l'une des plus grandes catastrophes recueillies par les livres saints.
L'amour et l'intérêt de l'art rendent ces observations nécessaires, et plus
la célébrité d'un homme donne d'autorité à ses exemples, plus on doit
appuyer sur le danger qu'il y aurait à les suivre quand ils unissent le
ridicule à l'inconvenance.

Dans une cuisine de cabaret, Saint Pierre debout, devant un grand
feu, se chauffe à côté d'un paysan assis, vu par le dos, et qui, la tête
appuyée contre le chambranle de la cheminée, a l'air de sommeiller.
Une servante a saisi l'apôtre par le corps, et lui demande s'il n'est
pas aussi de la suite du Christ, tandis qu'un valet d'écurie, placé à sa
droite, a quitté sa pipe pour entendre la réponse négative du Saint :
alors un coq, perché au-dessus de sa tête, chante et lui rappelle la
prédiction de son maître. Cependant tous les regards d'un groupe de
soldats placés sur le devant se sont portés sur lui à la première interpel-
lation de la servante. Leur chef seul, plus circonspect, ne s'est point
retourné ; mais l'on voit qu'il écoute attentivement quelle sera sa
réponse avant de se décider sur l'ordre qu'il lui faudra donner. Dans
le fond, d'autres soldats, étrangers à la scène, se disposent à sortir
et à suivre ce porte drapeau qui va rejoindre son bataillon.

Quel dommage que le vice de style et l'oubli de convenances
empêchent de classer ce tableau dans le genre de l'histoire ! mais quelle
vérité dans la pantomime ! quelle justesse, quelle finesse dans l'expression ! et si l'on s'arrête ensuite à l'examen de l'exécution, il faudra
convenir que ce tableau est l'un des plus beaux que les arts doivent
à ce grand maître. Il a passé dans plusieurs cabinets avant d'entrer au
Musée, et l'on peut juger de la réputation dont il jouissait dès-lors,
par les sommes dont il fut plusieurs fois payé. Elles n'ont jamais été
au-dessous de dix mille francs.

6

PLANCHE IV.

WOUVERMANS (Philippe).

DÉPART POUR LA CHASSE AU FAUCON ; *peint sur toile ; hauteur soixante-trois centimètres ou un pied onze pouces ; largeur quatre-vingt centimètres ou deux pieds six pouces.*

CES sujets de chasse riaient, à ce qu'il paraît, à l'imagination de cet habile paysagiste. Il les a souvent répétés ; mais il eut le talent de les présenter toujours sous des aspects différens, et de saisir les circonstances les plus capables d'ajouter à leur intérêt. Cette variété fait honneur à son génie. Dans cinq tableaux que réunissait l'ancienne collection de la couronne, il en est trois consacrés à la chasse. On en trouvait quatre sur le même sujet dans la belle Galerie d'Orléans.

Celui que nous publions ici est dû aux conquêtes de 1806. L'heure du jour est le matin ; l'atmosphère est imbibé, si j'ose m'exprimer ainsi, de cette aimable fraîcheur dont s'embellissent les belles matinées du printems. Quoique le paysage offre peu de ces grands accidens de la nature, que les peintres peignent volontiers, il est riant et découvert. C'est une plaine immense qu'arrose ce ruisseau limpide que l'on aperçoit sur la gauche. Peu de fabriques arrêtent la vue ; seulement, sur un plan très-reculé, une jolie petite maison de campagne, entourée des bâtimens nécessaires à l'agriculture.

Des seigneurs hollandais, montés sur de superbes chevaux, suivis et précédés de leurs piqueurs et de leurs chiens, partent pour la chasse. L'un d'eux porte l'oiseau sur le poing. Des villageois, les uns à pied, d'autres assis, les regardent passer. On retrouve, dans ce charmant tableau, toutes les qualités que l'on admire dans beaucoup d'ouvrages de ce peintre ; couleur aimable, connaissance parfaite du clair-obscur, dégradation savante dans les tons, esprit dans les figures, grâce et vérité dans les animaux.

Pl. 646. WOUVERMANS. École Flam.

Dessiné par Géroux. Gra. à l'Eau-forte par Dupl. Bertaux. Term. par Niquet.

DÉPART POUR LA CHASSE AU FAUCON.

J. ASSELYN.

Dessiné par Grégorius.   Gravé par Cardano.

UNE RUINE.

LE TIBRE.

Dessiné par Vauthier. Gravé par Aubert.

PLANCHE V.

ASSELIN (Jean).

UNE RUINE; *peint sur toile; hauteur soixante-treize centimètres ou deux pieds deux pouces; largeur vingt-six centimètres huit millimètres ou quinze pouces.*

CETTE forme oblongue et étroite, commandée sans doute par la place qu'occupait ce tableau, était difficile à remplir par la peinture. Asselin s'en tira en homme d'esprit. Pour remplir sa toile d'une manière pittoresque, il y a représenté un de ces fragmens d'aqueducs antiques qui traversaient l'immense et silencieuse campagne de Rome. Quelques bestiaux errans sous la garde de pâtres au teint livide, sont les seuls objets que l'on rencontre sur cette terre inculte, et le voyageur s'indigne contre la paresse qui néglige ce sol que la nature féconderait si le soc daignait l'ouvrir.

Asselin, pour animer ce paysage, à placé au pied de la ruine une hute de chaume où se retirent ces bergers pendant la chaleur du jour. Près d'eux on aperçoit quelques chèvres. Ce peintre exécuta ce tableau à Paris pour le président Lambert. Il sort de la collection de ce respectable amateur, dont le nom serait peut-être oublié sans la protection et les encouragemens que lui durent les artistes de son tems. Après la bienfaisance, c'est à-coup-sûr le plus bel emploi que l'on puisse faire de ses richesses. On ne saurait trop le répéter aux riches : Faites vivre les arts, et vous vivrez.

PLANCHE VI.

LE TIBRE. — STATUE.

LA brillante mythologie des Grecs divinisa tous les objets. Puisque l'Océan obéissait aux lois de Neptune et de Thétis, il n'eût pas été décent que les fleuves chargés d'alimenter leur empire n'eussent pas participé en quelque chose de la divinité, et c'eût été manquer à ces grands dieux que de leur choisir des amis aussi utiles dans une classe trop inférieure. L'exemple des Grecs a été suivi par tous les peuples sensibles à la poésie, et la facilité de personnifier les différens objets de la nature était trop commode pour les poètes, pour qu'ils laissassent jamais prescrire ce droit que leur transmit l'ingénieuse antiquité. Ainsi l'art a prêté un corps au Tibre, à ce fleuve destiné par la nature à ne tenir qu'un rang médiocre parmi ses semblables, et qui ne doit sa célébrité qu'à l'honneur d'avoir arrosé, pendant des milliers de siècles, la ville où siégeaient les maîtres du monde.

Cette figure est colossale. On reconnaît l'intention du statuaire, à cette louve dont les sauvages mamelles nourrissent ces deux frères appelés à fonder cette cité où viendront s'engloutir les trônes et les richesses de la terre. Le Dieu est à moitié couché, son bras droit est appuyé sur son urne. De la main gauche il tient une rame ou aviron, symbole dont on usait pour indiquer les rivières navigables. Trois côtés de la plinthe sur laquelle cette figure repose, présentent des bas-reliefs, savoir : l'arrivée d'Enée aux bouches du Tibre; la truie avec ses petits, désignée par l'oracle dont parle Virgile; et la navigation de ce fleuve qui arrosait et approvisionnait Rome; telle est du moins l'explication qu'en donne le savant Visconti.

Cette statue, de marbre *pentélique*, fut découverte à la fin du quinzième siècle, avec le NIL son pendant, à Rome, près de l'église dite de *le Minerve*, dans l'endroit où était autrefois le temple d'Isis et de Sérapis. Dès le commencement du seizième siècle, ces colosses décorèrent les jardins du Vatican. Pie VI les fit transporter dans son Musée, où ils restèrent jusqu'au traité de Tolentino, par lequel ils furent cédés à la France.

Det.pe. par C. Bourdin s.　　　　Gra.e à l'eau-forte par Chalaigre.　　　Ter. par Dambrun.

LE CHRIST PORTÉ AU TOMBEAU.

EXAMEN
DES PLANCHES.

PLANCHE PREMIÈRE.

TITIEN.

LE CHRIST PORTÉ AU TOMBEAU; *peint sur toile; hauteur un mètre quarante-sept centimètres ou quatre pieds six pouces; largeur deux mètres trois centimètres ou six pieds un pouce.*

Voici l'un des plus beaux tableaux de ce peintre célèbre, à qui l'art a dû tant de chefs-d'œuvres. On retrouve dans cette production, la réunion des qualités supérieures que possédait ce grand peintre, et que dans d'autres ouvrages, admirables cependant, il ne fit pas toujours marcher d'un pas égal. Ici, le mérite de l'exécution ne le cède point au mérite de l'invention. La main semble rivaliser avec le génie pour obéir à la nature, ou plutôt pour l'imiter dans sa noble simplicité, dans sa touchante naïveté. Quelle clarté dans cette composition ! quelle sage sobriété dans le nombre des personnages ! quelle habileté dans la manière de les groupper ! Le génie a disposé la scène, l'esprit l'a animée, et le cœur a dicté l'expression.

C'est le Sauveur du monde à qui trois de ses disciples rendent les derniers devoirs, et que sa mère et la fameuse pécheresse de l'Evangile

accompagnent au tombeau. Il est impossible de mieux rendre l'absence
de la vie. Ce corps conserve encore cette souplesse que la roideur
ne remplace que quelques heures après le trépas; mais on aperçoit
déjà combien s'est accrue la pesanteur de la matière privée de mouvement. L'expression de chaque personnage est d'une étonnante vérité.
Le caractère que doit avoir la douleur de Saint Jean dans une
circonstance semblable a été surtout savamment médité, et profondément
senti par le peintre. Son maître a cessé de vivre. Il ne reste de ce
maître chéri qu'un corps inanimé, étranger aux souffrances aussi bien
qu'aux affections; mais dans un moment semblable, quels sont les
personnages le plus à plaindre ? Ce sont ceux qui survivent à une
semblable perte. C'est surtout cette mère à qui la mort vient de ravir
un fils, l'unique objet de sa tendresse, le seul appui de ses vieux
ans, le seul être sur la terre dans le sein duquel elle pût sans réserve
déposer ses chagrins, ses secrets, ses espérances. Aussi c'est maintenant
sur cette mère que Saint Jean semble concentrer sa douleur. Sa
compassion ne s'attache que sur elle; et frappé lui-même dans son
amitié du coup le plus terrible, il ne voit plus l'ami qu'il a perdu,
et ne pleure que sur la mère infortunée de l'homme dont la tendresse
lui fut si chère. Les deux autres disciples, aussi profondément affectés,
mais moins expansifs, ou peut-être plus réservés dans leur expression,
parce qu'ils restèrent plus éloignés de la confiance intime du maître
qu'ils regrettent, se renferment dans l'honorable devoir qu'ils remplis-
sent; et les yeux fixés sur ce front décoloré, touchés mais silencieux,
vivement oppressés mais sans démonstrations, portent en gémissant
vers le sépulcre ce corps que leur piété se propose d'y confier au
repos éternel.

Si l'on ajoute à ce mérite de composition et d'expression la perfection
du dessin, dans les têtes surtout; la vérité de la couleur locale;
l'intelligence dans le choix du paysage convenable à une scène de
ce genre; la sévérité, je dirais presque religieuse du site où elle se
passe; le bel accord entre toutes les parties de ce tableau, et par
conséquent l'harmonie flatteuse à l'œil et si bien faite pour appeler
et captiver l'attention du spectateur, on sera forcé d'avouer que le
Titien n'a peut-être jamais rien produit de plus parfait, ou que du
moins ce tableau rivalise avec ses plus beaux tableaux. Il est présumable
que si il en eût exécuté plusieurs, ou pour mieux dire un plus grand

nombre de cette force, Mengs, dont la critique sévère ressemble
quelquefois à la partialité, et le Vasari qui ne s'extasie jamais que
sur les productions florentines, ne lui eussent pas dénié la qualité
de bon dessinateur. Mais le Tintoret, bien qu'il fût son rival, mais
l'Algarotti, mais Augustin Carrache, et nombre d'autres véritables
connaisseurs en ont jugé différemment. L'Algarotti, après avoir examiné
le Saint Pierre Dominiquin du Titien, que nous avons précédemment
publié, convenait n'avoir pu trouver dans cet ouvrage l'ombre d'un
défaut, *di non ci aver saputo trovare ombra di difetto*. Augustin Carrache
regardait la Bacchanale du Titien, et quelques autres de ses peintures
que possédait le duc de Ferrare, comme *le piu belle pitture del mondo,
e le maraviglie dell' arte*. C'était aussi le sentiment de Dufresnoy et
de Reynolds, que surtout dans les figures de femmes et d'enfans, il
fut inimitable, *di disegno e di colore squisito*. Ils eussent sûrement
rendu une justice non moins éclatante au tableau que nous venons
d'examiner; mais son ancienneté dans la collection de la couronne
peut faire soupçonner que la plupart de ces historiens ne l'ont pas
connu.

Un auteur moderne a critiqué une espèce d'écharpe que le disciple
à droite du tableau, porte autour du col et dont les extrémités touchent
à terre. « Un d'eux, à droite, dit-il, a une espèce de schall rayé qu'on
» ne conçoit pas; ce sont de ces inconvéniens (inconvenance, si je
» ne me trompe, serait le mot propre) que le Titien plaçait toujours
» dans ses tableaux. » Il me semble qu'en se pénétrant un peu mieux
du sujet, l'emploi de ce prétendu schall aurait pu se deviner; et
qu'alors, au lieu d'accuser un peu légèrement le Titien d'un hors-
d'œuvre déplacé, on l'aurait loué au contraire d'avoir introduit, dans
la draperie de ce disciple, une portion d'étoffe qui indique l'action
qui doit suivre celle qui est représentée. Dans un instant le corps
du Christ va se trouver sur le bord du sépulcre. Il faudra l'y descendre.
Qui ne conçoit alors que ce disciple s'est précautionné de cette écharpe,
qu'il la passera tout-à-l'heure sous les bras du Christ, et qu'ainsi
l'opération de la sépulture s'exécutera avec plus de facilité, et plus
de certitude de ne pas froisser le corps contre les parois du sépulcre?
Dans la Sainte Pétronille du Guerchin, ceux qui soutiennent le corps
de la Sainte usent d'un procédé semblable. Je pense qu'on ne doit jamais
mettre trop de circonspection, quand il s'agit de juger les intentions

d'un peintre tel que le Titien. Il est rare que des hommes de cette trempe fassent rien d'inutile.

Ce beau tableau appartint jadis au duc de Mantoue ; il passa en Angleterre, où M. de Jabach l'acheta, et le revendit ensuite au roi.

PLANCHE II.

STÉEN (JEAN).

LES PLAISIRS DE CHAQUE AGE ; *peint sur toile ; hauteur quatre-vingt-quatre centimètres ou deux pieds sept pouces ; largeur quatre-vingt-douze centimètres ou deux pieds dix pouces.*

CET artiste ingénieux s'est représenté dans ce tableau au milieu de sa famille. Si l'on ne trouve pas un choix de nature bien noble dans ce charmant tableau, il faut se rappeler que les mœurs de cet habile peintre ne ressemblaient guère à celles des artistes de nos jours. La table, le cabaret, et les tabagies étaient ses délassemens ordinaires, et par sa familiarité habituelle avec le peuple, il en avait contracté les usages grossiers. Rien dans cette famille n'annonce le besoin, mais rien non plus n'y dénote l'ordre que l'on remarque d'ordinaire dans les maisons bourgeoises ; tout s'y ressent de la conduite déréglée du maître. Ces ustensiles épars sur le plancher, ces enfans assis par terre, cette table, ces chaises grossières, ces femmes au regard effronté ; l'aigre son de cette cornemuse et de cette flûte à bec, la barbe négligée de ce vieillard, qui, debout, un bâton à la main et les lunettes sur le nez, parcourt un sale bouquin ; la figure enluminée de Stéen lui-même souriant à ces divers objets, et fumant entre ces deux femmes, qu'à leur hilarité on prendrait plutôt pour deux filles de joie que pour son épouse et sa sœur ; enfin l'entretien éloigné que ce jeune homme et cette jeune fille ont dans le fond de la salle auprès de la fenêtre, tout prouve que dans cette famille les mœurs se ressentaient assez de celles du chef, et que la décence n'était pas ce que l'on y respectait le plus. Certes, cette vieille dont la voix glapissante amuse cet enfant qu'elle fait sauter sur ses genoux, la lecture dont s'occupe ce grand père, la pipe et la bouteille que Stéen caresse tour-à-tour, la joyeuse

J. STEEN.

Des.é par Garés. Gravé à l'eau-forte par Dup.te Berteaux. Ter.é par Berteaux.

LES PLAISIRS DE CHAQUE AGE.

Des.iné par Girad.　　　Grav.é a l'eau-forte par Lerouge.　　　Ter.é par Villerey.

UN TROMPETTE ATTENDANT DES ORDRES.

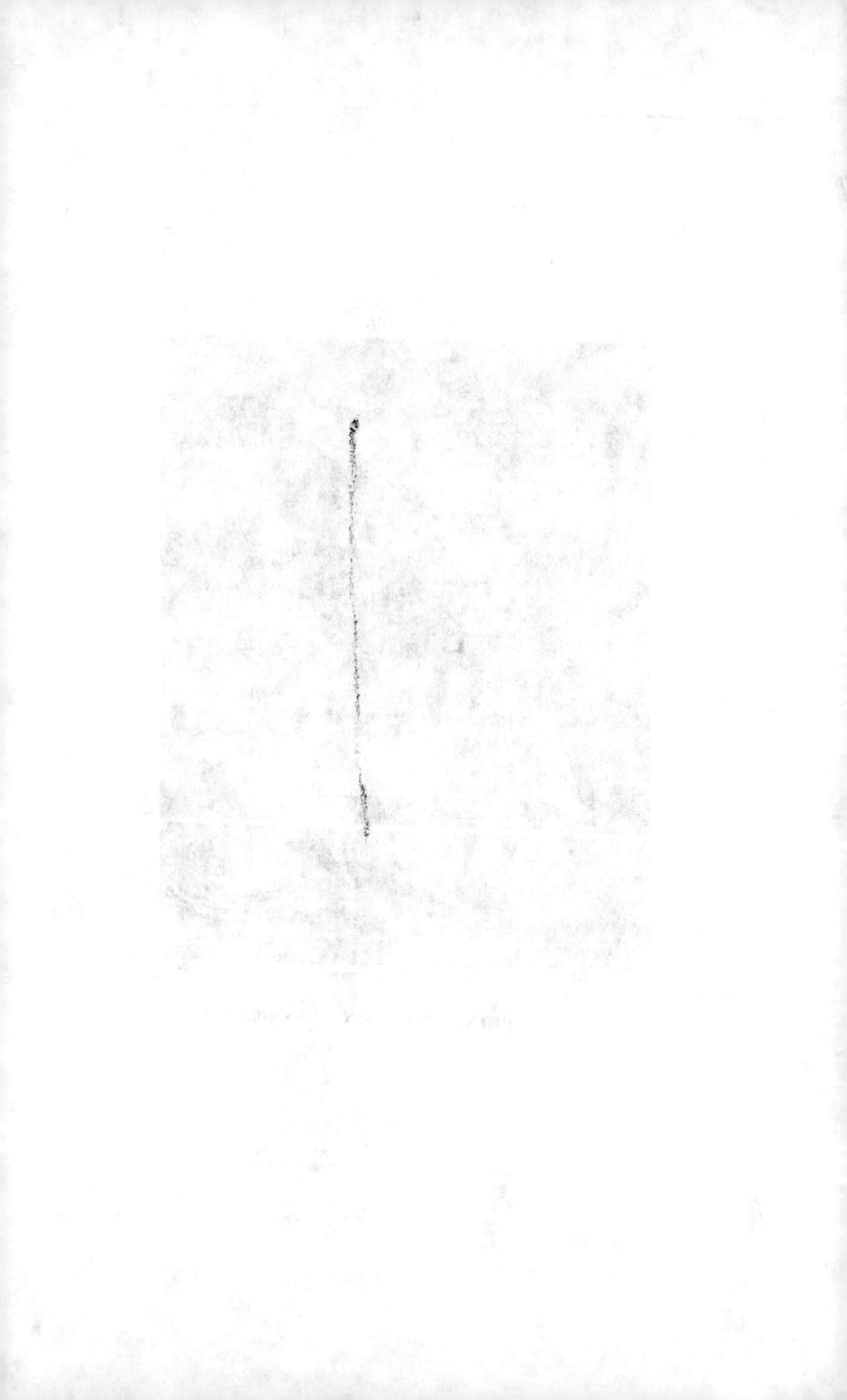

oisiveté de ces femmes, ces différentes nuances que le peintre a donné aux personnages de ce tableau, peuvent bien avoir quelqu'analogie avec les plaisirs de chaque âge; mais cela dépend de la classe que l'on met en scène, et à coup sûr les plaisirs de la société que Stéen a représentée ici, seraient d'un ennui mortel et d'un dégoût insupportable pour telle ou telle autre classe. Le seul que l'on puisse retrouver dans les familles de tous les rangs, c'est celui que goûte cette petite fille à se rouler sur le plancher en jouant avec un jeune chien, parce que celui-ci est conforme à la nature, dont la puissance se fait également sentir sur des tapis de pourpre comme dans la cuisine d'un cabaret.

Mais si la partie philosophique de cet ouvrage est vicieuse, cela ne diminue rien de son mérite comme objet d'arts. Ce tableau est charmant. Il est tout à-la-fois remarquable par la composition, et précieux par la finesse de l'exécution et la vérité de l'expression. Il faisait partie de l'ancienne collection du Stathouder. Jean Stéen, que l'on compte parmi les élèves de Van Gojen, fut aussi son gendre, et la femme que l'on voit occuppée à charger une pipe est sans doute le portrait de la fille de ce maître. Stéen a signé ce tableau. On trouve cette signature sur ce mortier de cuivre que l'on voit sur le plancher.

PLANCHE III.

TERBURG (Gérard),

LE TROMPETTE; *peint sur bois; hauteur soixante-cinq centimètres ou deux pieds; largeur cinquante-neuf centimètres ou un pied dix pouces.*

Ce trompette est maladroit : il vient d'interrompre un entretien intéressant; mais enfin il était chargé d'un message, il a bien fallu qu'il le remplît. C'est une de ces niches que Bellone s'amuse quelquefois à faire à Vénus. Cet officier que le peintre a représenté dans ce tableau, voyage sans doute avec son régiment. Il a couché dans cette chambre : son fusil et sa giberne accrochés à la muraille, son sabre et son manteau jetés sur le ciel du lit, cette bouteille d'osier, ce gobelet et ces pistolets placés sur cette table, annoncent que son séjour dans cette auberge ne sera pas long. Une jeune dame est venue l'y trouver. Elle est à demi-couchée par terre ; ses deux bras s'appuient nonchalamment sur le genou gauche de l'officier, dont la main repose sur l'épaule de cette dame. Comme tout porte à croire que ces personnages sont des portraits, il est présumable que cette dame est l'épouse de cet officier ; car il n'est guère possible de penser qu'une femme, dont la parure annonce l'opulence et la qualité, eût consenti à se laisser peindre dans une pose aussi familière, si les nœuds de l'hymen ne l'unissaient pas à ce militaire. Ce trompette est survenu. L'officier vient de lire la lettre qu'il lui a remise, et semble lui demander quelques renseignemens.

La pose singulière de la dame jette seule quelqu'intérêt sur ce tableau. Sans cela, cette scène serait froide et presque insignifiante ; mais la pantomime est d'une vérité extrême, et l'expression est pleine de noblesse. Si, comme on le croit, ces têtes sont des portraits, ces portraits sont admirables.

Ce tableau faisait partie de l'ancienne collection du statouder.

PLANCHE IV.

RUISDAEL (JACQUES).

UN PAYSAGE ; *peint sur toile ; hauteur quatre-vingt-trois centimètres ou deux pieds sept pouces ; largeur un mètre ou trois pieds.*

CET habile peintre semble s'être attaché à représenter, dans ce tableau, la nature dans toute son âpreté. Un torrent, enflé par les pluies ou la fonte des neiges, se précipite avec fracas à travers d'informes rochers, dont les masses, loin d'opposer un obstacle au courroux de ses ondes, semblent au contraire céder à leur effort, et sur le point de s'engloutir avec elles dans les profondeurs de l'abîme. On ne contemple pas sans épouvante cette cataracte que l'on croit entendre mugir, et dont les bords couverts de troncs brisés et d'arbres déracinés, attestent que c'est ici le séjour des orages et des tempêtes. Ces pins,

Dessiné par Girod.   Gravé par P. Bailly.

UN PAYSAGE AGRESTE.

P. FAES.

Dessiné par Mlle Da. Noirter. Gravé par Boutrois.

UN PORTRAIT D'HOMME.

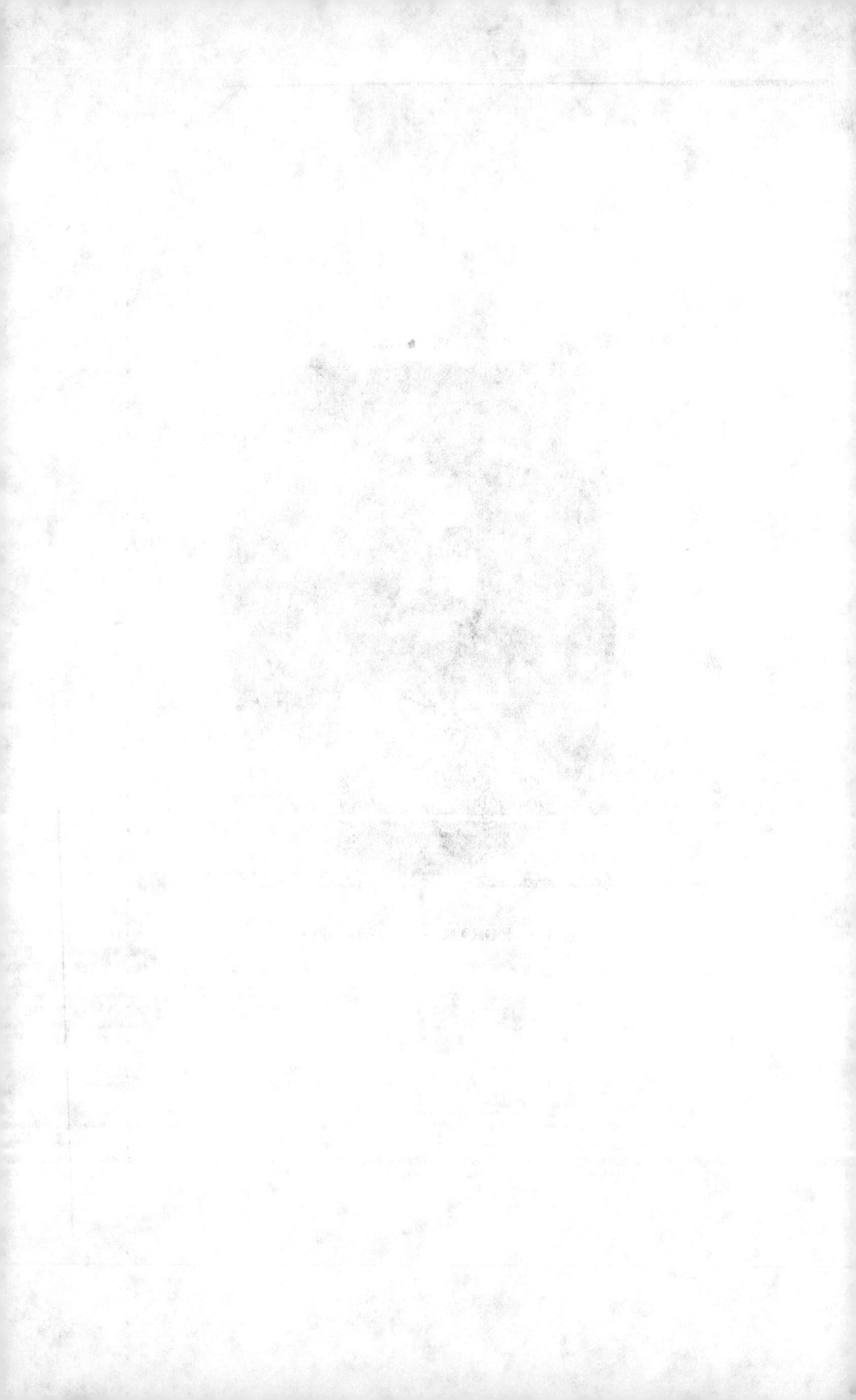

ces sicomores, ces chênes tortueux, ces âpres rochers qui s'élèvent
dans les nues, achèvent d'attrister les regards ; et pour rembrunir
encore les idées que ce site rigoureux fait naître, il faut que l'homme
vienne y mêler le spectacle de la destruction, et que cette horrible
solitude ne soit pas une retraite inaccessible à ces chiens féroces que
le chasseur excite contre ce cerf, que son agilité ne garantira pas
de la mort qu'on lui prépare. On croit que Ruisdael a copié ce paysage
dans les montagnes du Tirol. Une petite chapelle, dont on aperçoit
le faîte sur la crête d'un côteau, est la seule fabrique que le peintre
ait introduite. On retrouve dans ce tableau la finesse de pinceau,
la touche ferme et décidée, et la science dans les effets de lumière
que l'on admire communément dans cet habile paysagiste. Quelques
historiens lui donnent Berghem pour maître. Il est plus présumable
qu'il fut élève d'Albert Van Everdingen. Ce tableau même pourrait
faire pencher pour cette opinion : on sait avec quel talent Everdingen
représentait les grands accidens de la nature, et le sujet du tableau
que nous venons de décrire tient plus à son école qu'à celle de
Berghem.

Le Musée le doit aux conquêtes de 1806.

PLANCHE V.

FAES (Pierre Van der), dit le CHEVALIER LELI.

UN PORTRAIT ; *hauteur dix centimètres ou quatre pouces ; largeur
huit centimètres ou trois pouces.*

Van Dick avait cessé de vivre quand Van der Faes se fit connaître.
Il tint après lui le sceptre de la peinture dans le genre du portrait ;
le théâtre de sa gloire et de sa fortune fut l'Angleterre. Il y travailla
avec éclat sous Charles I.er, Cromwel et Charles II. Ses ouvrages
sont peu connus en France.

L'on ignore le nom du personnage qu'il a représenté dans ce portrait.
Aucun ordre ne le distingue et ne peut indiquer s'il s'agit d'un seigneur
de la cour de Londres ; mais la magnificence du point dont ce grand

collet plat et rabattu est garni , dénote du moins un homme riche.
Il y a de la noblesse et de l'expression dans cette tête. Ces cheveux
sont bien traités et d'une nature vraie. Css moustaches et le petit
bouquet de barbe au-dessous de la lèvre inférieure, en usage en
Europe à l'époque de Louis XIII, c'est-à-dire, à-peu-près pendant
le premièr tiers du dix-septième siècle, sembleraient indiquer que
ce portrait date du règne de Charles I.er.

PLANCHE VI.

VESTALE — STATUE.

CETTE statue est connue dans les arts sous le nom de la VESTALE
DU CAPITOLE. Elle représente une prêtresse d'Isis, déesse dont le
culte passa de Grèce à Rome, après être sorti primitivement d'Egypte.
Le temple d'Isis, à Rome, était dans le Champ-de-Mars. Quoique
cette déesse eût des prêtres, que l'on nommait *Isiaci*, les femmes
seules cependant avaient le droit de célébrer ses mystères.

Cette statue est noblement drapée. Elle tient entre ses mains une
espèce d'urne ou de vase. Il rappelle celui que portaient les prêtesses
d'Isis dans les pompes solemnelles de son culte. Ce vase contenait
communément une eau mystérieuse, soit qu'on l'employât pour les
cérémonies lustrales, soit qu'elle ne fût simplement qu'une allégorie
de l'obligation où étaient les femmes de ne point faire usage du vin
pendant les fêtes d'Isis.

La tête antique de cette statue a été rapportée. Cette figure est
en marbre de Paros. Elle fut long-tems exposée à la *Villa d'Este*,
à Tivoli. Le pape Benoît XIV l'en fit enlever, et elle fut placée par
son ordre au Musée du Capitole.

Elle a deux mètres de hauteur.

Dessiné par C.Vauthier.   Gravé par Leroux.

UNE VESTALE.

Des.ᵉ par Girod.   Gra.ᵉ à l'Eau-forte par Dr. Bertonar.l   Ter.ᵉ par Oortman.l

LA DESCENTE DE CROIX.

EXAMEN
DES PLANCHES.

PLANCHE PREMIÈRE.

JOUVENET (JEAN), né à Rouen en 1644; mort à Paris en 1717.

LA DESCENTE DE CROIX; *peint sur toile; hauteur quatre mètres dix-huit centimètres ou douze pieds sept pouces; largeur deux mètres quatre-vingt-quinze centimètres ou six pieds dix pouces.*

CE célèbre artiste pourrait être considéré comme le dernier des grands peintres français du siècle de Louis XIV. Il puisa le jour dans une famille de peintres qui résidait à Rouen. Noël Jouvenet, son aïeul, eut la gloire de donner au Poussin les élémens de la peinture. Laurent Jouvenet, son père, jouit de quelque réputation. Ce fut de ce peintre qu'il fut élève. Il sortit de son école à l'âge de dix-sept ans, et vint à Paris. Il s'abandonna dès-lors tout entier à son génie, et se décida à ne prendre désormais de leçons que de la nature. Il fut du petit nombre de peintres qui n'ont point vu l'Italie; et prouva, comme Le Sueur, que l'on peut se passer de ce secours. C'est un exemple cependant que l'on ne doit jamais conseiller de suivre. Tous les hommes ne sont pas doués des éminentes facultés que possédèrent Le Sueur et Jouvenet; et d'ailleurs, quel téméraire, en admirant les productions de ces deux grands hommes, oserait affirmer que le séjour de l'Italie leur eût été totalement inutile. Quoiqu'il en soit, Jouvenet ne dut rien qu'à lui seul, aussi sa manière lui appartient-elle toute entière; et quoique ce soit celle d'un grand maître, elle ne retrace rien de celles des maîtres habiles qui le précédèrent. Une grande fermeté, une fierté peu commune, forment le caractère de son dessin. Il était né pour peindre les grands traits de l'histoire, et l'austérité de ce genre parut constamment lui plaire davantage que le genre gracieux. Il eût été à désirer qu'un peu plus de noblesse dans ses figures eût secondé l'énergie de son pinceau.

On peu dire que lorsqu'il produisit le bel ouvrage que nous publions aujourd'hui, sa réputation était déjà faite. On admirait depuis plusieurs années son Esther et son Assuérus, qu'il composa pour son morceau de réception à l'académie, et les beaux tableaux qu'il exécuta pour l'abbaye de Saint-Martin-des-Champs. Mais quand il exposa, dans l'église des Capucines, la Descente de Croix qui fait le sujet de cet article, on reconnut qu'il marchait de pair avec les célèbres artistes de tous les tems. Les auteurs du Dictionnaire des Arts estiment que « si ce tableau eût précédé l'époque du Poussin, et » qu'il eût été exécuté à Rome, ce grand juge l'eût considéré comme » le quatrième chef-d'œuvre de cette capitale des arts. »

Ce fut à l'âge de trente-deux ans que Jouvenet exécuta ce tableau, pour les religieuses capucines de la place Vendôme, dont l'église n'existe plus aujourd'hui, et a fait place à la superbe rue Napoléon. Il était par conséquent alors dans toute la vigueur de son beau talent. Il faut convenir que cette entreprise était audacieuse. Pour s'y livrer, il fallait que ce peintre eût la conscience de sa force. Il y avait sans doute de la témérité à traiter un sujet sur lequel Daniel de Volterre et Rubens avaient pour ainsi dire fondé leur immortelle célébrité. Qui n'aurait pensé que ces deux grands peintres avaient épuisé, dans leurs *Descentes de Croix*, toute les ressources que la nature et l'art fournissent aux hommes de génie? Comment, en traitant ce sujet après eux, éviter de retomber dans les mêmes motifs, dans les mêmes attitudes, dans les mêmes pensées ? Eh bien, Jouvenet triompha de ces difficultés. Les trois tableaux existent encore; les amateurs qui les connaissent peuvent les comparer dans leurs souvenirs, et ils conviendront qu'ils ont chacun un caractère qui leur est propre, et les rendent entièrement différens l'un de l'autre. Celui de Daniel de Volterre se distingue par une extrême pureté de dessin ; celui de Rubens est remarquable par la poésie de la couleur. Jouvenet a gardé pour lui la verve, la vérité des mouvemens de ses personnages, la hardiesse de la composition et l'effet pittoresque de l'ensemble. Il est donc vrai de dire que, vainqueur dans cette lutte redoutable, ce tableau est, de tous ses ouvrages, celui qui, contribuant le plus à sa grande réputation, lui conserve encore à l'époque actuelle, où la peinture a pris une route toute opposée, l'un des premiers rangs parmi les peintres français.

Jouvenet a rejeté sur le second plan les Saintes Femmes et la Madelaine. Il nous semble qu'en cela il a mieux raisonné que ses deux devanciers. Dans leurs tableaux, elles sont goupées sur le devant de la scène. L'évanouissement de la Vierge, et les larmes de ses compagnes, distraient le spectateur du sujet principal. Ce parti qu'ils ont pris divise l'intérêt, et nuit évidemment à l'unité d'action, aussi nécessaire dans un tableau que dans un poëme. Il est donc évident que Jouvenet a mieux médité son effet général, en appelant toute l'attention sur le Christ, objet unique auquel se rapportent les actions de tous les personnages. Il a de même sagement pensé, en séparant la Madelaine des autres femmes. Il annonce par là qu'elle n'appartient point à la famille, et que ses douleurs et ses regrets ont un autre motif que celui de cette mère infortunée si justement accablée de la perte de son fils.

La manière dont sont groupés les cinq hommes occupés à descendre le Christ de la croix, est d'une vérité étonnante et admirable. Rien d'obscur, rien de confus, rien de faux dans leur agencement. On sent qu'ils développent toutes leurs forces pour soutenir et descendre ce fardeau avec la précaution convenable, et cependant rien d'exagéré dans leurs mouvemens, rien que l'on puisse dire *extra* de la nature. Joseph d'Arimathie et un autre disciple sont au pied de la croix pour recevoir le corps, et déjà développent le linceuil dans lequel ils se proposent de l'ensevelir.

L'état dans lequel se trouve ce beau tableau, atteste l'ignorante insouciance avec laquelle, dans la plupart des églises et des maisons religieuses, on considérait les chefs-d'œuvres des arts dont on se plaisait à les orner et à les enrichir. Les vapeurs de l'encens, la

fumée des lampes et des cierges, l'humidité des temples, la poussière
que l'on laissait s'amonceler sur leurs surfaces, les rayons dévorans
du soleil, et mille autres causes de destruction, conjuraient leur
perte; et l'indifférence trop commune des propriétaires ne pouvait
s'en émouvoir. Il paraît que ce beau tableau en fut la victime. Depuis
son origine, il ne fut jamais déplacé, et cependant il a beaucoup
souffert. Les ciels entr'autres sont extrêmement fatigués.

Jouvenet, à soixante-neuf ans, eut une paralysie, et perdit l'usage
de sa main droite. Cet accident ne put ralentir son amour pour le
travail; il asservit sa main gauche à la puissance de son génie, et
ce fut de cette main gauche qu'il peignit son *Magnificat*, que l'on
voyait dans le chœur de Notre-Dame, et le plafond de la seconde
chambre des enquêtes du parlement de Rouen.

La Descente de Croix a été gravée par Desplaces.

PLANCHE II.

ÉCOLE FERRARAISE.

L'ENFANT JÉSUS CARESSANT SA MÈRE; *peint sur bois; hauteur
quarante-quatre centimètres ou un pied quatre pouces; largeur trente
centimètres ou onze pouces.*

La Vierge est assise auprès d'une chaumière. Son fils debout, les
pieds sur un riche coussin posé sur une espèce de piédestal, lui passe
affectueusement la main sous le menton. Pour répondre à ses tendres
caresses, elle vient d'interrompre sa lecture, si l'on en juge du moins
par un livre qu'elle tient ouvert sur ses genoux. Saint Joseph debout
à côté d'elle, regarde cette scène maternelle avec attention.

Ce tableau paraît avoir été exécuté par Dosso Dossi, d'après un
dessin du Garofolo, qui se voit dans la collection du Musée Napoléon,
sous le N.º 141. Si la composition n'est pas exactement la même, le
groupe de la Vierge et de l'Enfant Jésus est évidemment une réminiscence.

Ce tableau sort du couvent supprimé des Récollets de Versailles.
Il fut probablement donné à ces religieux par un pape, dont les

L'ENFANT JESUS CARESSANT SA MERE.

P. VAN SLINGELANDT.

Desé. par Girod.   Gravé a l'eau-forte par Chataigner.   Ter. p. Dambrun.

UNE FAMILLE HOLLANDOISE.

armes surmontent la bordure en cuivre doré dans laquelle il est encadré. Ces armes se retrouvent encore gravées sur une plaque de cuivre placée derrière le tableau.

La riche parure de la Vierge, et le coussin élégant sur lequel l'enfant a les pieds posés, paraissent assez étonnans dans un sujet semblable, et contrastent d'une manière bizarre avec l'indigence de la chaumière, asile présumé de cette famille. Au reste, la tête de la Vierge est du plus grand caractère. Un vaste paysage forme le fond de ce tableau.

PLANCHE III.

SLINGELANDT (Pierre van).

UN SEIGNEUR HOLLANDAIS AVEC SA FAMILLE; *peint sur bois; hauteur cinquante-trois centimètres ou un pied sept pouces six lignes; largeur quarante-cinq centimètres ou un pied quatre pouces sept lignes.*

Ce tableau représente un vaste salon, simple dans son ameublement, mais d'une extrême propreté. Suivant l'usage de la Hollande, les murailles sont nues; quelques tableaux que l'on aperçoit sur le mur du fond, et un miroir de Venise suspendu entre la fenêtre et la cheminée, dont le linteau est très-élevé, sont les seuls ornemens de cet appartement, dont le plafond à compartimens de bois est remarquable par sa singularité. Deux siéges et une table sont les uniques meubles de ce salon. La maîtresse de la maison occupe l'un de ces deux siéges; l'autre placé devant la table est vide; mais si ces meubles sont peu nombreux, leur forme riche atteste l'opulence de cette famille. Une belle cage, dont les montans sont dorés, est suspendue par deux poulies au plafond. C'est l'habitation nocturne de ce perroquet que l'on voit sur son bâton. Une porte ouverte dans le fond, laisse apercevoir en perspective une autre salle, dont les proportions paraissent également grandes.

Une famille hollandaise est rassemblée dans le salon que je viens de décrire. Le costume des personnages annonce que cette scène d'intérieur se passe le matin. La mère, assise, a déjà fait sa toilette.

6

Sa coiffure, son col et ses bras sont ornés de perles. Elle est richement vêtue d'un manteau court de velours écarlate bordé d'hermine, et par dessous elle porte une jupe d'une étoffe de soie à fleurs. Un petit chien repose à ses pieds. Un jeune enfant est à ses côtés et lui montre un nid d'oiseaux nouvellement éclos, que le rusé perroquet semble convoiter de l'œil. Un peu plus loin, le chef de la famille, debout et en robe de chambre, la main droite appuyée sur un livre posé sur le coin de la table que recouvre un magnifique tapis, présente de l'autre une lettre cachetée à un nègre, qui la reçoit respectueusement pour la porter à son adresse. Un peu plus sur le devant, le fils aîné de la maison, le chapeau et la canne à la main, vient offrir ses hommages à ses parens, avant de se rendre sans doute à l'université pour assister aux cours des savans qui y professent.

Il ne faut pas chercher dans ce tableau une action bien prononcée. La froideur des personnages est locale; elle tient aux mœurs nationales. Il ne faut considérer ce beau tableau que sous le rapport de la délicatesse de la couleur et de son fini précieux. Il est présumable que c'est celui dont parlent tous les historiens, et que cite spécialement Descamps, en preuve de l'infatigable patience de son auteur. Il employa, dit-il, trois années consécutives à peindre la famille d'un hollandais, M. Meerman, et mit, entr'autres détails, un mois à finir un rabat de dentelles. On retrouve en effet cette particularité dans le rabat que porte le jeune homme, dont l'exécution est vraiment surprenante. En général, toute cette figure est merveilleuse pour le fini précieux et la précision des détails, qu'on ne peut apprécier qu'avec le secours de la loupe. C'est un véritable phénomène de patience.

Ce sont des portraits, et il est facile de voir que le peintre a employé, pour les embellir, toute la richesse de sa palette. Ce n'est pas sa faute s'il n'eut pas sous ses yeux une plus belle nature.

Ce beau tableau, que possédait un brasseur anglais, fut acquis par M. d'Angivilliers pour le cabinet des rois de France; il le paya la somme de douze mille francs.

Peint par Backuisen. Gra.é à l'Eau-forte par De Sando A. Terminé par Niquet.

UN YACHT HOLLANDOIS.

LA CHAUMIÈRE.

PLANCHE IV.

BACKUISEM.

LE YACHT HOLLANDAIS; *peint sur toile; hauteur cinquante centimètres ou un pied six pouces six lignes; largeur soixante-sept centimètres ou deux pieds.*

Un yacht aborde, par un tems orageux, auprès d'un bourg hollandais, pour y débarquer deux voyageurs. A peine ont-ils mis pied à terre, qu'ils sont assaillis par un vent impétueux, qui agite avec violence leurs vêtemens.

Tandis que deux matelots débarquent les malles de ces voyageurs, un troisième veut retirer de la poupe le pavillon, qu'il ne dérobe qu'avec peine à la force du vent.

A gauche du tableau et au-delà du canal, on voit une jolie maison de campagne entourée d'arbres.

Ce joli tableau est dû aux conquêtes de 1806.

PLANCHE V.

TÉNIERS (DAVID).

LES CHAUMIÈRES; *peint sur bois; hauteur dix-sept centimètres ou six pouces six lignes; largeur vingt-un centimètres ou huit pouces.*

Ce paysage est au nombre de ceux que, dans *la curiosité*, on désigne sous le nom d'*une Matinée de Téniers*. Il représente des chaumières. A la porte de l'une d'elles, une femme répond à quelques questions que lui adressent un villageois et son épouse. Sur le devant, un vieillard pousse une brouette chargée de bois à brûler.

Ce petit tableau est d'une couleur très-fine. Il a été justement apprécié lors de l'exposition des tableaux conquis en 1806, dont il faisait partie.

PLANCHE VI.

TORSE DU BELVÉDER. — FRAGMENT DE STATUE.

Tous les véritables archéologistes s'accordent à reconnaître dans ce marbre, un fragment d'une statue d'Hercule, fils de *Jupiter* et d'*Alcmène*, représenté par le statuaire au moment où, sur le mont *Oëta*, il reçoit l'immortalité.

Le savant Visconti remarque que dans cet admirable débris, il est facile de s'apercevoir que le sculpteur a évité d'indiquer aucune veine, et que, selon toute apparence, il en devait être ainsi pour tout le reste du corps. Selon ce savant, cette figure n'étant pas représentée dans la première jeunesse, ses muscles fortement prononcés paraissent exclure cette rondeur de formes qui seule peut autoriser la suppression des veines. Winckelmann reconnaît, à leur abscence, l'indication de l'apothéose d'Hercule. Au reste, la peau de lion jetée sur le rocher, et le grand caractère de la figure, viennent à l'appui de cette opinion.

Plusieurs indices ont fait présumer que cette figure faisait partie d'un groupe, et qu'il devait s'en trouver une autre à sa gauche. En consultant la fable, on a supposé que ce devait être celle d'Hébé, qu'Alcide obtint pour épouse en recevant la divinité. Un sculpteur anglais, M. Flaxmann, homme de mérite, a restitué, d'après ce thème donné, une copie du torse, et son talent a donné à la supposition l'air de la vraisemblance.

On lit sur le rocher l'inscription grecque suivante :

ΑΠΟΛΑΩΝΙΟΣ
ΝΕΣΤΟΡΟΣ
ΑΘΗΝΑΙΟΣ
ΕΠΟΙΕΙ.

Apollonius, fils de Nestor, athénien, la faisait.

Jules II fit placer ce beau fragment de marbre *pentélique* dans le jardin du Vatican, où il servit à l'étude des Michel-Ange, des Raphaël, des Carraches, et de tant d'autres hommes célèbres. Visconti assure qu'il n'existe point de sculpture antique exécutée dans un plus grand style, et l'on doit l'en croire.

Dessiné par Vauthier.   Th. Müller Sculp. 1812.   Gravé par Muller.

LE TORSE DU BELVÉDÈRE.

Desé par Marchais.   Grné à l'eau-forte par Quéverdo.   Ter. par Dambrun.

JESUS AU MILIEU DES DOCTEURS.

EXAMEN

DES PLANCHES.

CENT SIXIÈME LIVRAISON.

PLANCHE PREMIÈRE.

GAROFOLO.

JÉSUS AU MILIEU DES DOCTEURS; *peint sur bois; hauteur cinquante centimètres ou un pied six pouces; largeur trente-cinq centimètres ou un pied, forme cintrée.*

CE précieux tableau faisait partie de la galerie royale de Turin; et alors on l'y présentait à l'admiration des voyageurs sous le nom de Gaudenzio Ferrari. Il est certain que l'on a pu s'y méprendre. Le Garofolo, l'un des plus célèbres peintres de l'école ferraraise, et Gaudenzio, l'un des maîtres les plus renommés de celle de Milan, furent contemporains. L'un et l'autre eurent l'avantage d'être employés par Raphaël. Toutes les fois que Vasari, le Titi et le Taja rapportent la liste des jeunes gens que Raphaël appela à l'honneur de lui servir d'aides, dans l'exécution des ouvrages qui lui furent confiés, on y trouve le nom de *Benvenuto Tisi*, dit le Garofolo. Il est également reconnu, du moins si l'on s'en rapporte à l'Orlandi, que Gaudenzio Ferrari travailla sous Raphaël à la *Torre Borgia*. L'un et l'autre, habiles imitateurs de ce grand peintre, héritiers pour ainsi dire de sa grâce, de sa correction, et même de son genre de coloris, indépendamment

des grandes compositions où ils ont brillé avec plus d'éclat encore,
ont produit un grand nombre de tableaux de petites proportions, où
l'on retrouve les qualités qui les distinguent. Il n'est donc pas étonnant que, formés à la même école, dirigés par les mêmes principes,
imbus du même goût, et entraînés par le même genre, l'on aie quelquefois confondu leurs noms quand il s'est agi de les appliquer à leurs
tableaux. Cependant, en examinant avec attention ceux du Garofolo,
on retrouvera toujours, ou presque toujours, malgré ce charme ra-
phaelesque qu'il avait puisé dans Rome, une sorte de force, de manière
enflammée (car il est difficile de rendre autrement l'expression italienne
acceso), qui semble appartenir plus particulièrement à l'école de
Ferrare, et certes elle est bien remarquable dans le tableau dont
nous nous occupons. Gaudenzio Ferrari, au contraire, quoique l'on
doive le regarder comme l'un des grands peintres d'Italie, malgré
l'injuste partialité de Vasari, qui à peine a daigné le citer par cela
seul qu'il n'était pas de l'école florentine, Gaudenzio, dis-je, s'est
plus rapproché de Jules-Romain et de Perin del Vaga que de Raphaël,
et a conservé dans la plupart de ses productions un peu de la roideur,
de la sécheresse et de l'arrangement symétrique des peintres du
quatorzième siècle; et dans le tableau que nous publions, on ne trouve
rien qui vienne à l'appui de ces diverses observations.

Le Christ brillant de tout l'éclat de la jeunesse, la tête resplendissante
des rayons de la divinité, est debout, appuyé contre un autel élevé
sur trois degrés. Au-dessus de lui, le Tout Puissant, porté sur des
nuages, et entouré d'un chœur de séraphins, contemple, au sein de
sa gloire, son fils bien aimé, sur la tête duquel plane l'Esprit Saint.
Tous les docteurs de la loi sont réunis dans ce temple, et semblent
écouter avec étonnement et admiration les grandes vérités puisées dans
les livres saints, expliquées et développées par un adolescent inconnu
dans cette assemblée vénérable, et dont la jeunesse ne s'accorde guère
avec tant de science. Mais cependant si tous l'écoutent, tous ne sont
pas animés des mêmes sentimens. Les uns lui prêtent une attention
respectueuse, d'autres laissent percer l'humeur que leur fait éprouver
la honte d'être enseignés par un aussi jeune homme. Ceux-ci doutent
de la justesse de ses citations, et cherchent dans leurs livres les passages
textuels de la loi pour les confronter avec le discours qu'ils entendent.
Ceux-là prêtent l'oreille aux observations que leur communiquent

leurs voisins. D'autres enfin, renfermés en eux-mêmes, semblent absorbés dans leurs réflexions, et ne laissent point apercevoir ce qu'ils pensent d'une scène aussi inattendue. Dans cette foule de graves personnages, on n'aperçoit qu'une femme, à droite du tableau; on la reconnaît facilement à l'auréole dont sa tête est ceinte. Elle lui est commune avec un homme que l'on voit derrière elle. On devine aisément que c'est la mère du Christ et Saint Joseph. On sait qu'inquiets de l'absence d'un enfant aussi cher, ils se mirent à le chercher, et le trouvèrent dans le temple au milieu des docteurs. Ils partagent l'étonnement de l'auditoire. L'habile peintre a donné à la Vierge une expression de tendresse maternelle tout à-la-fois religieuse et respectueuse. Ce n'est point une mère qui s'énorgueillit des succès de son fils; c'est une femme pleine d'amour pour son enfant, et qui, les bras croisés sur sa poitrine, est pénétrée de componction, et semble écouter avec humilité la voix divine dont la puissance arrive jusqu'à son cœur. Il est difficile de mieux saisir les impressions que dut éprouver la Vierge dans un moment semblable. On ne doit pas oublier qu'ici le peintre ne pouvait avoir pour guide la nature, et qu'il était même obligé de s'en écarter, s'il voulait conserver à son tableau la vérité historique.

En général, il règne une grande et belle expression dans toutes les têtes, une justesse admirable dans la pose de toutes les figures, une vérité parfaite dans toutes leurs attitudes, une étonnante variété dans l'art des draperies, quoique tous les vêtemens se ressemblent pour la forme; enfin, un mouvement extraordinaire dans ces personnages, qui tous cependant ne sont occupés, ne sont frappés que du même objet. Si l'on ajoute à tant de qualités éminentes, le grand caractère de dessin que l'on retrouve dans presque toutes les figures, on ne sera point surpris que ce petit tableau soit en possession de l'estime de tous les connaisseurs, et qu'il ait été regardé comme l'un des plus précieux ouvrages de peinture que possédait la galerie de Turin. Il n'a rien perdu de sa réputation en France.

4

PLANCHE II.

ROTTENHAMER (JEAN); né à Munick en 1564; mort à Ausbourg en 1604.

LE REPOS DE LA SAINTE FAMILLE EN EGYPTE; *peint sur cuivre ; hauteur vingt-sept centimètres ou dix pouces ; largeur vingt-trois centimètres ou huit pouces sept lignes.*

CET habile homme appartient à l'école allemande; mais cependant ce ne fut pas dans sa patrie qu'il se forma. Il n'y reçut que les premiers élémens de l'art, d'un peintre peu connu, et fut chercher en Italie des leçons et des modèles plus dignes de lui.

Il débuta, à Rome, par de petits tableaux peints sur cuivre, dont la gracieuse élégance attira sur lui l'attention des amateurs; mais tandis que l'opinion générale croyait qu'il ne s'éléverait pas au-dessus de ce petit genre, il la démentit tout-à-coup en exposant un tableau de grande proportion, dont le succès ne fit qu'accroître son ardeur pour la gloire. Venise fut de toutes les villes d'Italie celle où il séjourna de prédilection, et parmi les grands peintres que cette école a produits, le Tintoret fut celui qu'il étudia de préférence, et qu'il imita le plus constamment. Sa réputation s'étant étendue, le duc de Mantone et l'empereur Rodolphe lui confièrent des travaux considérables. Ils le récompensèrent en souverains, mais sans parvenir à l'enrichir; et revenu dans sa patrie, habitant Ausbourg, où l'on s'empressa de le charger d'ouvrages capitaux, toujours largement payé et toujours prodigue, il mourut pauvre, et ses funérailles se firent aux frais de ses amis.

Ses petits tableaux sur cuivre sont de toutes ses productions celles qui ont le plus contribué à sa haute réputation. La brillante couleur de celui que nous allons décrire prouve qu'il est postérieur à son séjour à Venise, ou du moins qu'il appartient au tems où il s'était instruit dans cette belle école de cette partie essentielle de l'art. Il a représenté la Vierge assise sous des arbres touffus, tenant sur ses genoux l'Enfant Jésus. Des groupes d'anges, de chérubins, de séraphins, portés sur des nuages ou balancés dans les airs, effeuillent des roses

D.ᵉⁱ par Duchemin.   Grⁿᵉ à l'Eau-forte par Chataigner.   Termé par Niquet.

LE REPOS EN EGYPTE.

LA FEMME ADULTÈRE .

sur la tête de ces voyageurs, tandis que quelques autres dépouillent
les buissons de leurs fruits, que le petit Saint Jean présente dans une
corbeille à son jeune et divin maître. La Vierge regarde avec plaisir
la complaisante attention de cet enfant. Saint Joseph assis à ses côtés,
la tête et les yeux levés vers le ciel, semble admirer la secrète bonté
de la providence, dans cette multitude d'êtres incréés, veillant avec
tant d'empressement sur les besoins de sa famille.

On remarque plus de bonté que de noblesse dans la tête de la
Vierge. Rottenhamer, malgré son long séjour en Italie, conserva toujours
quelque chose du goût et de la manière allemande; mais tous ces
enfans sont charmans, leur grâce, leurs mouvemens, sont de la plus
aimable naïveté. Il excellait à peindre le nud. Il se vantait lui-même
de posséder parfaitement cette partie de la peinture, et l'on s'aperçoit
que dans cet agréable essaim d'êtres innocens, il s'est plu à faire valoir
son talent en ce genre.

Ce joli tableau fait partie des conquêtes de 1806.

PLANCHE III.

VÉRONESE (ALEXANDRE).

LA FEMME ADULTÈRE; *peint sur cuivre; hauteur vingt-neuf
centimètres ou onze pouces; largeur trente-sept centimètres ou quatorze
pouces.*

ALEXANDRE VÉRONÈSE, comme je l'ai déjà fait remarquer ailleurs,
n'a rien de commun avec le célèbre Paul Véronèse. Paul Caliari,
et Alexandre Turchi, ne furent surnommés ainsi que parce qu'ils étaient
tous deux de Vérone. Au reste, Alexandre Turchi Véronèse, est plus
communément encore surnommé par les Italiens l'*Orbetto*, parce que
dans son enfance il servait de guide à un pauvre aveugle, que quelques
historiens disent avoir été son père. Entre les deux Véronèse, il y a
plus de soixante ans de distance, Paul Véronèse étant né en 1532,
et Alexandre Véronèse en 1600.

Le sujet historique qu'Alexandre a représenté dans ce tableau, est
assez connu pour n'être pas obligé de le rapporter ici. Personne n'ignore

qu'une femme adultère , condamnée à être lapidée , fut conduite devant Jésus-Christ. Le législateur des Chrétiens, pour confondre la fallacieuse malice des Pharisiens qui l'interrogeaient sur le sort de cette femme, au lieu de leur répondre verbalement, se contenta de tracer avec son doigt sur la terre cette phrase : « Que celui d'entre » vous qui est sans péché lui jette la première pierre ».

Cette composition est sagement ordonnée. Elle est formée de deux groupes bien distincts; celui ou le Christ agenouillé est occupé à écrire ces paroles mémorables, que lisent avec attention deux hommes à mesure qu'il en trace les caractères, tandis que deux autres spectateurs de cette scène placés sur un plan plus reculé, et moins occupés de ce qui se passe, causent ensemble ; et celui de la femme adultère accompagnée de trois hommes dont un seul semble prêter attention à l'action du Sauveur, tandis que les deux autres ont l'air de se disposer à sortir. D'après ce mouvement imprimé aux divers personnages de ce tableau, on pourrait en conclure qu'il en est quatre d'oiseux ou d'inutiles, puisqu'ils ne prennent aucune part à l'action ; dans une composition c'est toujours un défaut d'user de ces figures de remplissage, et cela dénote constamment une sorte de pénurie d'idées.

Quoi qu'il en soit, les expressions sont justes en général ; j'en excepte cependant celle de la femme adultère. Indépendamment du peu de noblesse de cette figure, elle paraît d'une insouciance qu'on ne peut lui supposer dans la situation où elle se trouve. Comment, elle n'éprouve aucun repentir de la faute qu'elle a commise ? elle ne ressent aucunes alarmes au milieu des hommes qui la jugent digne de mort? Elle n'a pas une larme de reconnaissance à donner au sage dont la douce tolérance l'absout sans l'approuver? Cette impassibilité n'est pas dans la nature, et elle contredit surtout le caractère connu des femmes en général, dont la sensibilité se développe toujours avec plus de rapidité que celle des hommes. Alexandre Véronèse avait une épouse jeune et belle. Elle lui servit souvent de modèle pour ses tableaux. Il est présumable qu'il dérogea à cet usage pour celui-ci. Le sujet qu'il voulait traiter lui prescrivit sans doute cette retenue, et l'on doit lui savoir gré de cet hommage à la vertu de son épouse.

On a quelquefois prétendu égaler ce peintre à Annibal Carrache. C'est une exagération que des poètes se sont permise, mais que les connaisseurs n'ont point ratifiée. L'Orbetto a bien essayé quelquefois

WOUVERMANS.

Del.ᵗ par Goud. Grª à l'eau forte par D. Berteaux. Ér.ᵖ par Dupuis.

HALTE DE BOHÉMIENS.

de l'imiter, tel que dans le Sisara, par exemple, mais n'a pas été
toujours heureux dans cette tentative; mais on peut être encore un
peintre très-habile sans être l'égal d'Annibal Carrache. Alexandre
Véronèse, ou l'Orbetto, ne faisait jamais d'esquisse ni de cartons des
tableaux qu'il exécutait. Il plaçait ses figures à mesure qu'il travaillait,
et d'après cette manière, il est étonnant que ses compositions soient
encore aussi sagement disposées.

Ce tableau sort de l'ancienne collection des tableaux de la couronne.
L'Epicier ne le cite pas dans son ouvrage.

PLANCHE IV.

WOUVERMANS (Philippe).

HALTE DE BOHÉMIENS; *peint sur bois; hauteur trente-six
centimètres ou treize pouces six lignes; largeur quarante-un centimètres ou quinze pouces six lignes.*

UNE troupe de bohémiens, hommes, femmes et enfans, vient de
s'arrêter sur le bord d'une grande route pour se reposer. Ils ont
accroché à deux arbres un vieux morceau de tapisserie, pour se
mettre à l'abri des rayons du soleil et des intempéries de l'air; et
quelques-uns d'entreux préparent la cuisine. Sur le devant du tableau,
une de ces bohémiennes alaite son enfant, et a devant elle deux
petits garçons à genoux et un chien couché. Cependant, deux villageois
à cheval se sont arrêtés; l'un d'eux a mis pied à terre pour se faire
dire sa bonne aventure. Il a présenté sa main à un bohémien qui
vient de lui faire une prédiction, bouffonne sans doute, puisqu'elle le
fait sourire, ainsi que son compagnon de voyage. Dans ce moment
passe un carrose attelé de quatre chevaux gris, et précédé d'un page
à pied, portant un faucon sur le poing. Une dame s'est mise à la
portière pour regarder cette scène. Un de ces aventuriers lui demande
l'aumône.

Ce joli tableau a malheureusement poussé au noir, surtout dans le
groupe des bohémiens. Il est présumable que Wouvermans aura usé
d'une impression trop légère, et dès-lors les fils du bois de chêne sur
lequel il est peint auront absorbé les glacis. Le Musée le doit aux
conquêtes de 1806.

(8)

PLANCHE V.

GLAUBER.

UN PAYSAGE HISTORIQUE; *peint sur toile; hauteur quatre-vingt-douze centimètres ou deux pieds neuf pouces; largeur un mètre vingt-cinq centimètres ou trois pieds neuf pouces six lignes.*

LE site de ce paysage est rocailleux, ombragé de beaux arbres, et coupé de hautes montagnes. Sur le devant, à droite du spectateur, on voit une cascade s'échapper d'une énorme masse de rocher, et couler ensuite à travers des blocs de pierre que le tems ou quelques commotions ont détachés de la montagne. Sur un plan plus rapproché, le peintre a placé un tombeau antique; deux figures en bas-relief décorent une de ses faces. Le vase sépulcral à moitié brisé que l'on aperçoit auprès, reposait sans doute jadis sur ce sarcophage. Deux femmes, à pied, suivent un chemin qui conduit à cette ville que l'on aperçoit à gauche dans l'éloignement, et dont l'on ne distingue que les murailles et le faîte des bâtimens les plus élevés.

Il est facile de reconnaître à ce tableau, que ce peintre, quoique hollandais et élève de Berghem, fut inspiré par un long séjour en Italie. Il règne une belle variété dans ce paysage. Les accidens de la nature y sont bien rendus, et le feuillé des arbres y est précieux. On doit la possession de cet ouvrage aux conquêtes de 1806.

PLANCHE VI.

LIVIE EN MUSE. — STATUE.

LE statuaire a représenté, dans cet ouvrage, l'épouse d'Auguste avec les attributs d'Euterpe. Il paraît que l'on aimait, dans l'antiquité, à prêter les emblêmes des Muses aux femmes que l'on voulait honorer. C'est le sentiment de Visconti. On pourrait dire que la flatterie a eu un peu de part à cet hommage rendu à cette impératrice. Elle ne partageait pas l'amour d'Octave pour les lettres, et les protégeait peu.

Cette belle figure est parfaitement drapée. La tête a été rapportée avec beaucoup d'art. Elle sort de la *Villa Borghèse*.

Del. par Gregorius   Gra. à l'eau-forte par De Saulces.   Term. par Gozlter.

PAYSAGE.

Dessiné par Vaudhier.

Gravé par Luc.

LIVIE, EN MUSE.

P. VERONESE.

P.t q.t par Gérard.   *Gra.e à l'Eau-forte par Châteigner.*   *Ter. par Langlois f.*

LE CHRIST AU TOMBEAU.

EXAMEN

DES PLANCHES.

CENT SEPTIÈME LIVRAISON.

PLANCHE PREMIÈRE.

PAUL VÉRONÈSE.

JÉSUS PORTÉ AU TOMBEAU; *peint sur toile; hauteur soixante-quatorze centimètres ou deux pieds trois pouces six lignes ; largeur un mètre treize centimètres ou trois pieds quatre pouces neuf lignes.*

MALGRÉ tout le respect que l'on doit à un aussi grand maître, dont le talent dans presque toutes les parties de la peinture était si admirable, et qui possédait surtout dans un degré supérieur le génie de la composition, je ne puis m'empêcher de m'élever contre une idée repoussante que présente ce tableau. Le Christ mort, que ses amis se disposent à ensevelir et à descendre ensuite dans la tombe, voilà le sujet. Mais avant de remplir ce lugubre devoir, où ses disciples placent-ils les dépouilles mortelles de ce maître si cher à leur amour! Sur les genoux de sa mère désolée! Quoi, le corps d'un fils adoré, le corps d'un fils unique, que la mort, et la mort la plus affreuse vient de frapper, l'étendre sur les genoux de sa malheureuse mère! Phalaris, Mezence, Cambise, président-ils à cette scène? Et cette femme infortunée respire encore ; elle n'est pas expirée de douleur et d'effroi quand ses tremblantes mains ont touché les membres glacés de cet objet si cher à sa tendresse. Quel crime a-t-elle donc commis pour la condamner à ce supplice ? Quelle mère dans le monde aurait la force de le supporter ? Il me semble que présenter cette idée dans un tableau, et la mettre sous les yeux du spectateur comme une chose vraisemblable, c'est commettre un grand outrage envers la nature; c'est annoncer une profonde ignorance du cœur humain. Il est si facile cependant de lire dans le cœur d'une mère.... En me permettant de dire ainsi ma pensée toute entière quand il s'agit d'un homme comme Paul Véronèse, il est possible qu'on me blâme peut-être ; peut-être aussi est-il possible que je me laisse égarer par le sentiment ; mais j'avoue que je serais désespéré que l'on parvînt à me persuader que j'ai tort.

Une pensée bien plus naturelle dans ce tableau, est celle d'avoir représenté la Madelaine entièrement prosternée, embrassant et soutenant les pieds du Christ, qu'elle inonde de ses larmes. Les autres personnages sont Saint Jean, Nicodême, Joseph d'Arimathie, un autre disciple, et deux Saintes Femmes occupées à consoler la Vierge. La scène se passe près du rocher où le corps du Christ sera déposé. A droite, sur un plan plus reculé, on aperçoit le Calvaire, et dans le fond les tours de Jérusalem.

On remarque avec raison, je crois, que les acteurs de cette scène touchante sont disposés d'une manière un peu théâtrale. Ils semblent tous appeler sur eux l'œil du spectateur, et ce défaut que l'on n'aperçoit qu'en y réfléchissant, distrait inévitablement de l'objet principal.

Au reste, ce tableau n'est qu'une esquisse arrêtée, et dès-lors il ne faut pas le juger à la rigueur. Il sort du palais de Bevilacqua, à Vérone.

BRUSA SORCI.

P.ssiné par Duchesne.   Gravé par Oortmans.

LA VIEGE ET S.te URSULE.

PLANCHE II.

IL BRUSA SORCI, (FELICE RICCIO dit).

LA VIERGE ET SAINTE URSULE; *peint sur toile; hauteur quatre-vingt-huit centimètres ou deux pieds huit pouces six lignes; largeur quatre-vingt-dix centimètres ou deux pieds neuf pouces.*

CE peintre justement célèbre, fils de Dominico Riccio, également surnommé *il Brusa Sorci*, et dont les talens supérieurs, dans la fresque surtout, rendent la mémoire chère en Italie, reçut les premiers élémens de l'art de son illustre père. Malheureusement la mort le lui ravit lorsqu'il n'était encore qu'adolescent. Il sortit de Vérone, sa patrie, et fut à Florence achever son éducation, sous le Ligozzi. Il n'est pas étonnant alors que son style soit si différent de celui de son père. Ce peintre a surtout excellé dans les tableaux de *Madone*, dans les petites figures d'enfans, de femmes, d'anges. C'est là principalement que l'on remarque ce charme, cette grâce, cette élégance dont il était doué. En général, elles rappellent la manière de Paul Véronèse, quoique quelquefois elles soient un peu plus maigres que celles que l'on doit à ce grand maître.

Le tableau que nous publions ici est un de ces sujets de *Madone*, qu'il semble avoir constamment traités de prédilection. Il y a représenté la Vierge assise, tenant entre ses bras et sur ses genoux l'Enfant Jésus. Sainte Ursule à ses côtés, vient de présenter à cet enfant une colombe, symbole de sa tendresse. La vue de cet aimable oiseau l'effraie sans doute, et il se réfugie dans le sein de sa mère. Saint Joseph, la tête appuyée sur sa main, est plongé dans la méditation.

Ce tableau fut long-tems admiré dans la galerie de Bevilacqua, à Vérone, et passait pour être de Paul Véronèse; ce qui vient à l'appui de ce que j'avançais tout-à-l'heure de l'analogie que l'on remarque entre le style de ces deux maîtres. Mais ici il est facile de reconnaître le Brusa Sorci. Le pinceau est plus doux, les teintes sont plus fondues; ainsi, ce qui lui manque du côté de la force et de l'exécution, il le remplace par la suavité et la douceur. La pose de l'enfant Jésus est charmante, et la manière dont la Vierge lui tient la tête est de la plus aimable naïveté.

Cependant, la vigueur n'était point étrangère aux pinceaux de Felice Riccio, quand le sujet l'exigeait, témoin son tableau des Forges de Vulcain que possèdent MM. Conti Guzzola, et sa Sainte Hélène que l'on voit dans l'église de ce nom, à Vérone, et qui passe pour son chef-d'œuvre. Il n'égala point toutefois Dominico son père dans les fresques. Celui-ci fut regardé comme le Titien de l'école Véronèse; et avec plus d'imagination que son fils, il ne lui manqua qu'un peu plus de chaleur dans les tons, pour être l'un des premiers vénitiens; mais riche d'érudition, artiste, poète, grand machiniste, compositeur hardi, exécuteur habile, il sera toujours compté parmi les peintres d'Italie les plus recommandables. Sa Cavalcade de Clément VII et de Charles-Quint, que l'on voit à Vérone dans le palais des nobles Ridolfi, est une des plus belles choses du monde. Cette famille des Brusa Sorci est remarquable par le talent. Une femme de ce nom, sœur de Felice, Cecilia Brusa Sorci, se distingua dans le portrait.

Le tableau que nous venons de décrire est d'autant plus précieux pour le Musée, que c'est le seul de ce maître qu'il possède.

PLANCHE III.

ABATE (NICOLO DEL), né à Modène vers 1509, mort en 1571.

LE MARIAGE DE SAINTE CATHERINE; *peint sur toile; hauteur soixante-quinze centimètres ou deux pieds quatre pouces; largeur soixante-quatre centimètres ou vingt-trois pouces.*

DANS une chambre, dont une partie est cachée par un rideau, la Vierge, assise, tient sur ses genoux l'enfant Jésus, dont les yeux sont fixés sur ceux de sa mère, tandis qu'il passe un anneau au doigt de Sainte Catherine d'Alexandrie, qui reçoit à genoux ce gage de son union avec Jésus-Christ. Près d'elle est l'instrument de son supplice, et sa main s'appuie sur une table chargée de fruits. Entièrement sur le devant du tableau, le peintre a placé une figure dont on n'aperçoit que le tiers du buste; et l'on ne devine pas trop sur quoi peut poser

Dessiné par Duchemins.   Gravé par Godefroi f.

LE MARIAGE DE Ste CATHERINE.

cette figure, quand bien même on prolongerait en avant le plancher
de la chambre ; car alors il faudrait que le groupe principal fût placé sur
une espèce de théâtre, ou que la perspective fût fautive. Dans le
fond de la chambre, on voit dans un autre appartement Saint Joseph
causant avec une femme. Si la tête de la figure placée sur le devant
n'était pas ceinte de l'auréole, on pourrait la prendre pour le portrait
du Donataire.

Ce tableau est dans le style du Parmesan. Il était depuis nombre
d'années dans la collection de la couronne. C'est à tort que le Dictionnaire des Arts de Watelet et de l'Evêque, avance que Nicolo del Abate,
et non *del Abbate*, comme ces auteurs l'écrivent, était élève du
Primatice, abbé de Saint Martin, ce qui lui fit donner le surnom
del Abbate. Il passe assez généralement en Italie pour avoir été l'élève
du Corrège ; quoique Vasari cependant ne lui assigne aucun maître.
Mais dans les beaux ouvrages de ce peintre que l'Italie possède encore,
on reconnaît que ses études se sont surtout attachées au style romain.
Quant au prétendu surnom *del Abate*, c'était son nom de famille,
et non pas un surnom ; et plusieurs peintres issus de lui ont rendu,
pendant de longues années, ce nom del Abate précieux en Italie.
Le Primatice eût été bien heureux, au reste, d'avoir un élève de cette
force. C'est de lui qu'Augustin Carrache, plus poète sans doute que
véridique historien, a dit dans un sonnet, qu'il possédait la sagesse
de Raphaël, le terrible de Michel-Ange, la vérité du Titien, la
noblesse du Corrège, la composition du Thibaldi et la grâce du
Parmesan. Cet éloge est exagéré sans doute, mais il ne faut pas oublier
que c'est Augustin Carrache qui parle, et qu'il s'y connaissait. Il est
du moins certain que Nicolo del Abate était l'égal en talent du Primatice,
si tout au moins il ne l'emportait pas sur lui. Il exécuta, à Fontainebleau,
en cinquante-huit tableaux, l'histoire d'Ulysse. On les y admirait
encore en 1740. Parmi les nombreux ouvrages qu'il produisit en France,
ce fut le plus considérable sans doute. Cette espèce d'Odissée n'a
point été respectée par les architectes du siècle dernier, et la connaissance en serait perdue si elle n'eût été gravée par Van Thulden,
élève de Rubens. Ceux du Primatice ont eu à-peu-près le même sort,
et à peine en trouve-t-on des vestiges dans la salle dite des Suisses.
Nicolo ne revit point sa patrie. Il mourut en France.

PLANCHE IV.

BREEMBERG (Bartholomée).

RUINES DE L'ANCIENNE ROME; *peint sur cuivre; hauteur quarante centimètres ou un pied deux pouces huit lignes; largeur cinquante-cinq centimètres ou un pied huit pouces six lignes.*

Ce peintre a réuni dans ce tableau quelques monumens dégradés de l'antique Rome. Au premier aspect, on se croirait dans le *Campo Vaccino*. La porte des jardins Farnèse et une partie des ruines du palais des Césars que l'on aperçoit dans cette composition, sembleraient autoriser cette erreur; mais cette fontaine au pied de ce monument, dont l'une des faces est décorée d'un bas-relief, ne se voit point dans le *Campo Vaccino*, et il est impossible d'ailleurs d'apercevoir de cette place la campagne de Rome, quelque soit le point de vue que l'on choisisse. Il est donc évident que le site de ce tableau a été composé d'imagination par l'artiste, dans l'intention sans doute de rappeler au souvenir des amateurs et des voyageurs, quelques débris de cette antique reine du monde, déplorable objet des ravages du tems, et n'aguère encore malheureux théâtre de la misère et de la fainéantise; mais dont la splendeur humiliée depuis tant de siècles va se relever plus brillante, sous le puissant génie du héros dont le bras la protège.

Ce tableau sort de la collection du Stathouder.

Des.é par M. Pastorat.   Gra.é à l'eau-forte par Chataigner.   Ter.é par O.Villerey.

VUE DE L'ANCIENNE ROME.

Deſsiné par Girod.   Gravᵉ par Boutrois.

UN PORTRAIT D'HOMME.

MELPOMÈNE.

PLANCHE V.

DICK (Antoine van).

UN PORTRAIT D'HOMME; *peint sur toile; hauteur quatre-vingt-dix-sept centimètres ou deux pieds onze pouces; largeur quatre-vingt-deux centimètres ou deux pieds six pouces.*

C'est en vain que nous avons cherché, dans la série des portraits gravés d'après ce grand peintre, quel pouvait être le nom du personnage qu'il a représenté dans ce tableau. Quelques légères similitudes ne suffisent pas pour fixer notre opinion à cet égard, et ce serait une imprudence de n'offrir au lecteur que des conjectures. Il n'en est qu'une seule que nous pouvons hazarder avec une sorte d'assurance; c'est que l'original de ce portrait était certainement un ami de l'auteur. Il est facile de reconnaître que ce portrait est du nombre de ceux que les artistes font avec *amour*. C'est l'expression usitée dans les arts. Ces sortes de portraits ne sont point payés, c'est l'amitié qui conduit le pinceau, et le cœur se charge de l'expression. Aussi ne balançons-nous pas à classer ce portrait parmi les plus précieux ouvrages en ce genre, que l'art de la peinture doit à Van Dyck.

Il sort de la collection du Stathouder.

PLANCHE VI.

MELPOMÈNE.

STATUE.

CETTE statue colossale a douze pieds de proportion. Le nom de Melpomène qu'elle porte, annonce assez qu'elle fut destinée à la décoration de quelque théâtre, et l'on s'accorde généralement à penser qu'elle servit à l'ornement de celui de Pompée. Il est certain qu'elle fut découverte sur l'emplacement de ce théâtre, lorsque l'on construisit le palais du cardinal Riario, sur les dessins du Bramante. Elle resta pendant nombres d'années dans la cour de ce palais, qui devint dans la suite celui de la chancellerie apostolique. Pie V ordonna qu'elle fût restaurée, et la fit transporter au palais du Vatican. Originairement, elle ne tenait point dans sa main droite ce masque d'Hercule que l'on y voit placé aujourd'hui. C'est une invention de ceux qui l'ont restaurée. Je dois ces différens détails au célèbre Visconti.

Il est d'avis que c'est une des plus fortes statues que la main du Temps ait respectées. Elle porte le même vêtement et la même ceinture que la Melpomène représentée dans le bas-relief du tombeau des Muses. Elle a de plus un manteau qui lui couvre les épaules, et est rattaché avec beaucoup d'élégance à sa ceinture.

Visconti admire avec quel talent le statuaire, auteur de ce colosse, est parvenu à imprimer tant de grâce, de sentiment et de noblesse à la tête de cette figure.

Une statue de cette proportion, qui sans doute n'était pas la seule de ce genre dans l'édifice où elle fut placée, est bien faite pour donner une haute idée de l'étendue et de la magnificence des théâtres de l'antiquité. De quelle grandeur ne devaient-ils pas être, pour que des colosses semblables pussent être en harmonie avec le reste de l'édifice.

Des. par Bourdon.   *Gravé à l'eau-forte par Chasteau.*   *Termé par Pigeot.*

TIMOCLÉE DEVANT ALEXANDRE.

EXAMEN

DES PLANCHES.

CENT HUITIÈME LIVRAISON.

PLANCHE PREMIÈRE.

DOMINIQUIN.

TIMOCLÉE DEVANT ALEXANDRE; *peint sur toile; hauteur un mètre douze centimètres ou trois pieds quatre pouces six lignes; largeur un mètre cinquante centimètres ou quatre pieds six pouces huit lignes; forme ovale oblongue.*

PLUTARQUE, dans son traité sur les actes de vertu que l'histoire attribue aux femmes, rapporte que lors du sac de Thèbes par l'armée d'Alexandre-le-Grand, un Thrace, capitaine au service de ce conquérant, viola une femme distinguée par sa naissance, nommée Timoclée, et qu'il joignit à cette brutale atrocité, la honteuse cupidité de la forcer à lui déclarer où elle avait caché ses trésors. Cette femme infortunée profita de l'avarice de ce barbare pour se venger de l'affront qu'elle en avait reçu. Elle lui indiqua un puits où elle prétendit avoir déposé son or et ses bijoux, et lorsque le Thrace y fut descendu, elle fit pleuvoir sur sa tête une si grande quantité de pierres, qu'il en fut étouffé sur-le-champ, et que le puits en fut comblé. Alexandre, à qui ce trait fut rapporté, loua l'action de cette femme, et défendit à ses soldats de se livrer désormais à de semblables excès.

Voilà le sujet historique dont le pinceau du Dominiquin s'est emparé, et qu'il a traité avec sa supériorité ordinaire. Il suppose que le roi de Macédoine a fait conduire devant lui Timoclée pour entendre d'elle-même le récit de l'injure qu'on lui a faite, et de la vengeance qu'elle en a tiré. Le héros, casqué et cuirassé, est assis sur son trône, entouré de ses courtisans et de ses gardes ; son bouclier est à ses côtés, et il s'appuie sur une pique. Timoclée est debout devant lui. Près d'elle est le garde qui vient de la conduire. Elle est suivie de deux de ses enfans, que conduisent un soldat. Leurs larmes annoncent qu'ils sentent déjà le poids de l'infortune qui vient d'accabler leur famille. Un de leurs frères, encore au berceau, est porté par un troisième garde. D'autres soldats traînent à leur suite des prisonniers qu'ils viennent de faire. Cette scène se passe dans une vaste campagne. On aperçoit, dans le fond, les murailles et les hautes tours de Thèbes. L'armée victorieuse entre dans cette ville par une porte dont la herse est levée.

Cette composition, large et savante, est digne du peintre célèbre dont le génie l'a conçue. Toutes les expressions sont justes. La pose de Timoclée est noble et simple. Elle est encore enchaînée ; mais sa figure a toute la dignité d'une femme dont le cœur est pur et tranquille, et n'a rien qui dénote l'abattement et la crainte. Le geste d'Alexandre semble annoncer qu'il reproche aux soldats, dont presque tous les yeux sont fixés sur cette femme, l'abus honteux qu'ils font de la victoire. La douleur des enfans est rendue avec une naïveté précieuse. En général, le caractère de toutes les figures de ce tableau exprime bien les sentimens dont chacune d'elles doit être affectée dans une circonstance semblable, et l'on distingue aisément sur le visage de quelques soldats, et la pitié que leur inspire Timoclée, et les reproches intérieurs qu'ils se font à eux-mêmes, et que vient de faire naître le discours d'Alexandre.

Si presque tous les caractères sont admirables, la correction du dessin n'est pas moins recommandable ; mais il serait à désirer peut-être que le clair-obscur fût mieux entendu et plus piquant dans ce tableau. C'est un reproche auquel ce grand peintre s'est rarement exposé. Quoiqu'il en soit, on doit cette justice à cet ouvrage, que c'est de ses tableaux de chevalet l'un des plus précieux sans doute.

Toutes les écoles retentissent encore aujourd'hui de cris d'indignation contre l'injustice de ses contemporains, et la basse envie dont ses rivaux se rendirent coupables. La postérité l'a bien vengé de tant de persécutions, et il jouit maintenant de toute la plénitude de sa gloire; mais il est au tombeau. Il ne peut entendre ce concert de louanges, et il est difficile de ne pas s'attendrir quand on songe que ce grand homme mourut sans que son cœur fût consolé! Elève des Carraches, l'Algarotti le regarde comme leur égal. Le Poussin, meilleur juge encore, le place le premier après Raphaël. Mengs l'estime le dessinateur le plus correct, le coloriste le plus vrai, le maître le plus universel dans toutes les théories de l'art, et ne lui désirerait qu'un peu plus d'élégance.

Malgré le talent supérieur qu'il développe dans les tableaux de chevalet, les connaisseurs l'admirent encore d'avantage dans ses fresques. Si dans les premiers on peut lui reprocher quelquefois un peu de sécheresse et de froideur, si l'on y rencontre de tems en tems des formes qui manquent de rondeur, les secondes sont toujours exemptes de ces défauts, et c'est là qu'il est constamment lui-même, toujours grand, toujours profond, toujours correct, toujours harmonieux; mais ce jugement que tous les véritables connaisseurs portent de ses fresques, ne doit atténuer en rien l'estime que méritent ses tableaux à l'huile. Il suffit de citer son Saint Jérôme, sa Sainte Agnès, son Saint François, que l'on vit long-tems à Bologne, chez le comte de Zambeccari, et tant d'autres. Enfin même, celui que nous venons de décrire, tableau conçu, pour me servir ici des expressions employées par les auteurs du Dictionnaire des Arts, tableau conçu comme il aurait pu l'être dans les beaux siècles de l'art chez les Grecs.

Il sort de l'ancienne collection de la couronne.

PLANCHE II.

LANFRANCO (Giovanni).

LA SÉPARATION DE SAINT PIERRE ET DE SAINT PAUL;
peint sur toile; hauteur un mètre six centimètres ou trois pieds deux pouces six lignes; largeur un mètre cinquante-six centimètres ou trois pieds neuf pouces six lignes.

LE sujet que ce peintre célèbre a traité dans ce tableau, est infiniment touchant. Ce sont deux amis que les mêmes travaux, les mêmes fatigues, les mêmes sentimens, les mêmes opinions ont uni depuis long-tems, que des bourreaux entraînent pour les conduire à la mort, et qui viennent de se dire le dernier adieu. Ils se sont retournés pour jouir encore d'une vue qui leur est si chère. L'expression que l'artiste a donnée aux deux Saints, est vraie et bien sentie. On reconnaît bien sur leurs traits l'affection réciproque qu'ils se portent, la sécurité de leur âme, leur confiance profonde dans le Dieu qu'ils adorent, la joie qu'ils éprouvent de mourir pour lui, et la consolante espérance de se revoir bientôt dans l'éternité. Ces figures contrastent bien avec celles des personnages dont ils sont entourés. La haine, l'animosité, l'esprit de vertige et d'erreur, la fureur, la férocité animent celles-ci, et font encore mieux ressortir le calme que l'on voit régner dans celles des deux Saints. Il y a du mouvement dans cette scène, et ces deux groupes marchent bien. On pourrait peut-être reprocher un peu d'exagération et de manière dans celui de Saint Pierre.

Cette séparation se passe au pied des murs de Rome dont l'on aperçoit les tours. Sur un plan plus éloigné, l'on distingue quelques fabriques. Le reste est un paysage assez varié et bien entendu.

Des divers ouvrages de Lanfranc que possède le Musée, celui-ci est l'un des plus intéressans. On y retrouve ce caractère de fierté et d'enthousiasme qui distingue les ouvrages de ce peintre célèbre, élève des Carraches, et toujours imitateur du Corrège, sans avoir jamais atteint la grâce et la suavité, sciences précieuses dont ce grand maître semble avoir emporté le secret dans la tombe.

LA SÉPARATION DE St. PIERRE ET St. PAUL.

Des.ᵉ par Girod.   Grā.ᵉ a l'Eau-forte par Chataigner.   Ter.ᵉ par Dambrun.

UN MILITAIRE OFFRANT DE L'ARGENT A UNE Jᴺᴱ FEMME.

Malgré le mérite du tableau que nous publions, il serait injuste de juger du talent de cet habile homme par cet ouvrage. Les fresques, les grandes machines convenaient mieux à son génie, et c'était dans ces vastes compositions qu'il était vraiment à son aise. Son chef-d'œuvre en ce genre, est la coupole de Saint André *Della Valle*. Pourquoi faut-il que ce peintre se soit déshonoré par son odieuse jalousie contre le Dominiquin ? Comment un sentiment aussi vil peut-il habiter dans l'âme d'un homme supérieur ? et les artistes ne devraient-ils pas se rappeler sans cesse que la postérité ne leur pardonne jamais leurs injustices envers leurs rivaux.

PLANCHE III.

TERBURG (GÉRARD).

UN MILITAIRE OFFRANT DE L'ARGENT A UNE JEUNE FEMME; *peint sur toile; hauteur soixante-six centimètres ou deux pieds; largeur cinquante-quatre centimètres ou vingt pouces six lignes.*

DANS une chambre meublée et décorée à la hollandaise, un militaire et une jeune dame sont assis près d'une table et à côté de la cheminée. Si l'on en juge par les fruits et quelques reliefs que l'on aperçoit sur la table, ils viennent de goûter ensemble. Le militaire tient quelques pièces d'or dans sa main, et semble les présenter à cette femme. Il est assez difficile de deviner qu'elle a été l'intention du peintre. L'offre de cette somme attire cependant l'attention de cette dame. Elle allait se verser du vin, et elle s'est arrêtée pour compter de l'œil les pièces de monnoie qu'on lui montre. Est-ce cette collation que l'officier veut payer ? Mais la riche coiffure, les vêtemens opulens de cette dame ne laissent pas reconnaître en elle la maîtresse d'une hôtellerie. Est-ce un don moins généreux que le militaire propose ? Mais la cuirasse dont il est revêtu, l'épée dont il est ceint, ces bottes, ces éperons, sa tête peu animée, et surtout la décence empreinte sur la figure de la femme, rendent cette scène plus sérieuse que galante. Pourquoi ne pas penser plutôt que c'est un mari qui, à l'instant de son départ, remet à sa femme l'argent nécessaire pendant son absence ?

Quoiqu'il en soit, il me semble que c'est toujours un défaut dans un tableau, quand le spectateur reste indécis sur la nature de l'action que l'on met sous ses yeux.

Il faut dire cependant que ce tableau est un chef-d'œuvre pour l'exécution et pour la couleur, et c'est sans contredit l'un des plus parfaits de cet habile homme, que, soit dit en passant, MM. Watelet et l'Evêque traitent dans leur ouvrage avec une sévérité qui tient presque de l'injustice.

Voici le jugement qu'ils portent de ce peintre, *tome 4 page 403*. » Ce n'est point, disent-ils, la beauté du dessin qui fait rechercher » les ouvrages de Terburg. Il n'est ni élégant, ni correct; mais on » y aime un soin, une propreté que l'on prend pour le fini, et qui » doit en être distingué; car on peut en effet finir bien davantage, » sans tomber dans cette manière léchée. On peut voir des ouvrages » de grands maîtres qui semblent heurtés, et dont les têtes et les » mains sont réellement plus finies que dans les tableaux de Terburg. » Son pinceau a quelque chose de pesant; mais il rendait bien les » étoffes, et surtout le satin blanc; et il trouvait toujours le moyen » d'en introduire dans ses ouvrages, ce qui devient en quelque sorte » son cachet et sert à le faire reconnaître. C'est cette partie accessoire » qui rend ses petits tableaux si précieux aux amateurs; quoiqu'on n'y » trouve ni esprit, ni expression, ni mouvement, ni invention, ni » composition, et que le choix de la nature y soit très-commun. »

Il me semble qu'un peintre dont les tableaux n'ont ni esprit, ni expression, ni mouvement, ni invention, ni composition, et qui se montre toujours inhabile à choisir la belle nature, est un mauvais peintre dans tous les pays. Est-ce là la conséquence qu'ils ont voulu que l'on tirât de leur critique à l'égard de Terburg? Cela se peut; mais il est difficile de le persuader aux véritables amateurs, et l'on croira avec peine que l'homme à qui l'on doit le fameux tableau de la Paix de Munster, fût un peintre médiocre. Il n'est pas présumable que le célèbre Suyderoef eût consacré son beau burin à graver les productions d'un homme sans mérite.

Ce tableau faisait partie de l'ancienne collection de la couronne.

Dessiné par Meunier.   Gravé par Cardano.

L'ANESSE DE BALAAM.

Des.ᵉ par Girod.   Gra. à l'Eau-forte par Chataignier.   Ter. par Niquet.

VOITURE CHARGÉE DE FOIN.

7

PLANCHE IV.

LAHYRE (Laurent de).

L'ANESSE DE BALAAM ; *peint sur toile ; hauteur un mètre seize centimètres ou trois pieds six pouces ; largeur quatre-vingt-quatre centimètres ou huit pouces.*

L'ÉCRITURE rapporte que le Seigneur, mécontent de ce que Balaam se rendait chez Balac, roi des Moabites, ordonna à un ange de s'opposer à son passage, et de le faire rentrer en lui-même. Balaam voyageait sur son âne. Cet animal effrayé à la vue de l'Ange, dont la main était armée d'un glaive flamboyant, se coucha par terre, et refusa d'avancer. Son maître, dont les yeux étaient encore fermés à la lumière, le frappa avec violence. L'âne reçut alors le don de la parole, et s'écria : « Pourquoi me frappez-vous ? Ne suis-je pas votre ânesse, que vous » avez montée depuis votre jeunesse ? » Ce prodige épouvanta Balaam. Ses yeux se dessillèrent. Il apperçut l'Ange, et se prosterna pour l'entendre.

Tel est le sujet dont Lahyre a animé ce joli paysage. Les fabriques sont parfaitement traitées. Ce petit temple circulaire est une réminiscence de celui de la Sybile, à Tivoli.

Ce tableau faisait partie de l'ancienne collection de la couronne.

PLANCHE V.

WOUVERMANS (Philippe).

VOITURE CHARGÉE DE FOIN ; *peint sur bois ; hauteur trente-un centimètres ou vingt-trois pouces ; largeur trente-deux centimètres ou vingt-trois pouces six lignes.*

DES villageois sont occupés de la moisson des foins. Tandis que quelques-uns fauchent, d'autres forment des bottes. Sur le devant, le peintre a placé une petite charette attelée d'un cheval qui s'amuse à

paître, pendant que ses conducteurs entassent le foin sur la voiture. A
côté, l'on voit une femme accroupie, qui se dispose à alaiter son enfant,
et cause avec un homme debout devant elle. Le chien de la famille
se désaltère dans un ruisseau.

On doit ce joli paysage aux conquêtes de 1806.

PLANCHE VI.

ACHILLE. — BACCHUS.

BUSTES.

LE premier de ces bustes représente Achille. On ne peut guère
douter de la vérité de cette opinion, si l'on prend la peine de comparer cet *hermès* avec la tête de la statue antique d'Achille que possède
le Musée.

Le second de ces bustes ou hermès, représente Bacchus *Pogon* ou
Buba. Cette tête est précieuse par son beau caractère idéal. Les Grecs,
à ce que nous apprend Visconti, donnaient le nom de *stlengide* à
l'espèce de coiffure dont cette tête est ornée.

Les personnes peu versées dans la science de l'antiquité, s'étonnent
de voir souvent Bacchus représenté, tantôt sous la forme d'un jeune
homme, tantôt sous celle d'un vieillard. Les anciens, toujours ingénieux, en donnant à ce Dieu différentes formes, cherchaient à rappeler
les diverses époques de sa vie. Ainsi, la jeunesse rappelerait ses
conquêtes de l'Inde ; et la vieillesse le tems où l'expérience lui permit
d'enseigner aux hommes l'agriculture. De cette double manière de le
figurer, il reçut le nom de *Biformis*.

On lui donnait encore d'autres attributs. Quelquefois on lui mettait
un thyrse et une coupe dans les mains. Tantôt on le coiffait de
cornes , parce que le bouc était l'animal qu'on lui sacrifiait. Tantôt il
était suivi de Silène et des Bacchantes.

Dessiné par V. Vauthier.   Gravé par Ant. Jure.

BUSTE D'ACHILLE.   BUSTE DE BACCHUS.

SUITE DU COUP-D'OEIL GÉNÉRAL

SUR LES DIVERSES ÉCOLES D'ITALIE,

DEPUIS MICHEL-ANGE ET RAPHAËL.

Nos lecteurs auront vu, à la fin du huitième volume, que l'exposition d'un tableau du Baroche, à Arezzo, détermina la révolution qui se fit alors dans l'art de la peinture, et que ce fut au Cigoli et au Pagani qu'on la dut. Ces deux jeunes gens firent le voyage d'Arezzo. Ils examinèrent le tableau du Baroche, dans lequel on retrouvait tout le goût et tout les principes que les beaux tems du Corrège avaient mis en honneur. Leur génie leur apprit à sentir que c'était à de semblables modèles qu'ils devaient s'attacher; et dès ce moment ils renoncèrent pour toujours au style de leurs maîtres. Ils furent imités par le Passignano, l'Allori, le Corradi, et surtout par l'Empoli. Le Baroccio les conduisit à consulter et à imiter le style du Corrège. Pour accélérer la révolution, ils eussent dû parcourir la Lombardie; mais malheureusement ils se contentèrent, dans l'origine du moins, d'étudier le très-petit nombre de tableaux que ce grand maître avait fait pour Florence,

★

et de faibles copies de quelques-uns de ses autres ouvrages qui s'y trouvaient. Ils tirèrent au moins cet avantage de cette étude, de ressusciter la connaissance du clair obscur alors totalement oublié à Florence et même à Rome. L'usage de modeler en plâtre ou en cire fut remis en vigueur; ils observèrent mieux les effets des lumières et des ombres ; ils renoncèrent au faire de pratique pour consulter davantage la nature ; et Lanzi est convaincu que si à ces grands pas vers le bien ils eussent uni un peu de l'élégance grecque et un peu de finesse dans l'expression, la réforme de la peinture en Italie serait imputée à Florence non moins qu'à Bologne.

Si la décadence à Rome eut une autre origine, elle n'en fut pas moins funeste pour l'art de la peinture. L'histoire a suffisament retracé les malheurs où cette ville fut en proie sous le pontificat de Clément VII. On sait que ce pape se ligua avec François I.er et quelques princes d'Italie, contre Charle-Quint. La fortune des armes ne seconda pas ses espérances. Le connétable de Bourbon, dont la vie et les talens militaires furent à jamais flétris par la plus coupable des défections, commandait l'armée de Charle-Quint, l'irréconciliable ennemi de la France. Il reçut la mort le jour même où Rome fut forcée. Il est facile de juger des excès où se porta une armée, dépourvue de solde depuis quelque mois, et venant du fonds de l'Allemagne, à la suite d'un général qui n'était parvenu à étouffer les murmures du soldat, qu'en lui promettant de le conduire dans un lieu où il s'enrichirait à jamais. Le pillage dura deux mois. Quand la cupidité eut desséché les trésors, l'ignorance à son tour mutila les chef-d'œuvres, et Clément VII enfermé dans le château Saint-Ange, vit périr, en grande partie du moins, tout ce qu'avait produit de plus beau le siècle de son oncle Léon X. Le tumulte des armes avait dispersé tous les peintres ; les compagnons, les élèves de Raphaël avaient fui. La mort avait surpris Jules-Romain à l'instant où il allait céder à l'invitation de revenir dans sa patrie. Sébastien del Piombo, devenu riche par ses emplois, s'était abandonné à l'oisiveté, et d'ailleurs le malheureux emploi qu'il avait fait de ses talens, en essayant de réparer quelques ouvrages de Raphaël, avait prouvé qu'il était peu digne de succéder à celui que, sous l'égide de Michel-Ange, il avait prétendu jadis rivaliser. Périn del Vaga était revenu à Rome, et certes l'on peut dire que si quelqu'un pouvait y réparer les désastres de la peinture et y maintenir l'art dans sa splendeur, c'était un homme d'un aussi rare mérite ; mais l'élévation de l'ame ne répond pas toujours à la grandeur du génie. Naturellement envieux et jaloux, les progrès de ses élèves l'offusquaient, et il lui suffisait qu'ils annonçassent des dispositions, pour qu'il se déclarât leur ennemi ; en conséquence, il les retardait dans leurs études. A cette bassesse de caractère, il joignait une sordide avarice. Souple, intrigant, adroit, il avait l'art de se faire valoir seul, et par ce moyen il s'emparait de toutes les entreprises. Ouvrages du plus grand prix, ouvrages de la plus médiocre importance, peu lui importait, pourvu qu'il y eût de l'argent à gagner; en lui l'idée de la fortune précédait toujours celle de la gloire. On sent aisément qu'avec cette ambition d'accaparer tous les travaux, il lui était impossible de les exécuter lui-même. Il appelait donc à son aide les talens les plus estimés; mais c'était bien moins pour l'intérêt de l'ouvrage en lui-même que pour les tenir dans sa dépendance et les empêcher ainsi d'entrer en concurrence avec lui, et par conséquent de diminuer ses bénéfices. Au reste, quand ils ne suffisaient pas à la multitude des travaux, il leur associait, sans aucun respect pour l'honneur de l'art, et sans délicatesse à l'égard de ceux qui le payaient, les plus médiocres et même les plus mauvais peintres. De là cette bigarrure choquante de figures d'un bon style et de figures détestables dans la plupart de ses grands ouvrages, et notamment dans les salles du château Saint-Ange.

L'on n'a pas besoin de longs développemens pour faire concevoir combien cette conduite de Périn del Vaga dut être funeste à la peinture, et de quelle conséquence dut être, pour l'art en général, l'exemple

qu'il donna. Associer indifféremment la médiocrité
au talent, c'est humilier l'un et encourager l'autre ;
c'est accoutumer insensiblement le public à confondre
toutes les notions sur le goût et sur le beau, parce
qu'il devient incertain entre le talent qui enseigne
et la médiocrité qui se vante. Malheur aux tems qui
succèdent à ces chefs d'école assez peu sensibles à la
gloire pour faire de l'art bien moins une profession
qu'un trafic! Ils ne trouvent que trop d'imitateurs ; et
Vasari qui reproche cet esprit mercantile à plus d'un
artiste, et notamment à Tadeo Zuccari, s'y livra
tout comme un autre ; car c'est bien moins dans ses
écrits que l'on doit chercher à le connaître que dans
ses peintures, dont la plupart déposent contre sa cupidité personnelle tout aussi bien que celles de Perin
del Vaga.

A ces élémens de décadence, il faut ajouter le
peu de protection que quelques papes accordèrent
aux arts, et l'amour aveugle et sans connaissances
que quelques autres leur portèrent : circonstance
plus dangereuse peut-être que l'absence de toute
protection. Parmi ces papes indifférens au lustre des
arts, on peut par exemple citer Jules III, sous le
pontificat duquel tous les travaux commencés furent
interrompus, et bien plus encore Paul IV, qui fit
abattre les Apôtres peints par Raphaël dans une salle
du Vatican, sans que personne de sa cour (chose

*

remarquable) lui fit à cet égard la plus légère observation. Le mal s'accrut encore sous Grégoire XIII
et sous Sixte V. Ces papes inondèrent Rome de
peintures; mais, comme le remarque judicieusement
Lanzi, c'est le propre des vieillards de vouloir jouir,
et de préférer, pour l'exécution des ouvrages qu'ils
commandent, la médiocrité qui accélère, au talent
qui met le tems convenable. Sixte V surtout fut
tellement dominé par cette impatience de jouir, qu'il
terrifia tous les artistes par ses menaces contre les
peintres dont la célérité ne répondait pas à son impatience, et par la sévérité qu'il déploya contre ceux qu'il
trouvait trop lents. Dès-lors il n'y eut plus de peintres
estimés et employés que ceux qui se distinguaient par
l'extrême prestesse du pinceau. Le mal se prolongea
sous Clément VIII, par la précipitation qu'il fallut
mettre à l'exécution des travaux qui devaient être
terminés avant l'ouverture de l'année vulgairement
appelée Sainte à Rome, c'est-à-dire de l'année
jubilaire, qui devait ouvrir le dix-septième siècle.
Il résulta de cet ordre de choses que sous ces divers
pontifes, tous les peintres non-seulement de l'Italie,
mais encore des pays ultramontains, affluèrent à Rome.
Chacun d'eux y porta son style, que la précipitation
dans le travail détériorait encore. Ainsi la peinture
et spécialement la peinture à fresque, ne devint plus
qu'un mécanisme, qu'un métier de pratique, dont les
produits n'offrirent qu'un oubli total de la nature, une

incohérence choquante des styles les plus opposés,
et l'assemblage dégoûtant des idées capricieuses et
bizarres enfantées par une foule de peintres sans génie.
Le coloris, au reste, était aussi mauvais que le dessin.
Dans aucune époque on ne fit un aussi grand abus
des couleurs crues; jamais le clair-obscur ne fut si
faible ; jamais l'harmonie ne fut plus dédaignée, et
telle fut la manière des peintres qui peuplèrent de
figures à cette époque les temples, les cloîtres et
les salles de Rome.

Quelques hommes, dignes d'un meilleur tems,
parurent cependant alors, tels que le Ligorio, le
Sermoneta, les deux frères Zuccari, le Muziano, le
Laureti, le Ricci, le chevalier d'Arpino etc.; mais
par une sorte de fatalité, ces hommes d'un mérite
réel, concoururent tous plus ou moins à accélérer la
décadence. Parmi les grands travaux ordonnés par
les papes, ceux de la salle des rois fixaient le plus
l'attention. Commencés sous Paul III, quelquefois
interrompus, toujours repris, ils furent plus de
trente ans avant d'être terminés. Périn del Vaga,
habile comme nous l'avons dit plus haut à attirer à lui
toutes les entreprises, avait obtenu la surintendance
de celle-ci. Les compartimens, les ornemens de la
voûte, les stucs, les frises, les emblêmes, les grandes
figures, tout fut exécuté sur ses dessins; et dans
tous ces objets, on reconnaît le génie d'un grand

maître. Il s'occupait à dessiner les sujets des
tableaux qui devaient entrer dans la décoration de
cette salle, lorsque la mort le surprit en 1547. La
protection de Michel-Ange lui fit donner pour
successeur Daniel de Volterre. Ce peintre imagina
de représenter dans cette salle les donations faites à
l'église par les souverains dont la dévotion avait con-
couru à accroître sa puissance temporelle, et c'est de
là que lui est venue la dénomination de Salle des
Rois. Cette idée, flatteuse pour l'orgueil des papes, ne
fut point exécutée par Daniel; il n'eut que la gloire de
l'avoir conçue, et les peintres qui lui succédèrent,
tantôt la suivirent, tantôt s'en écartèrent. D'ailleurs,
il semblerait que cette fameuse Déposition de croix, à
qui Daniel de Volterre devait sa grande renommée,
et que l'on considère encore comme l'un des premiers
tableaux du monde, avait épuisé toutes ses forces.
Il est certain que depuis, il n'opéra plus de ces sortes
de prodiges en peintures. Irrésolu par caractère,
lent à exécuter, à peine avait-il commencé quelques
figures dans cette salle, que le pape mourut, et que,
pour la commodité du conclave, il fallut enlever les
échafauts, et laisser à découvert les figures imparfaites.
Elles déplurent au public, qui trop communément
juge des objets sur ce qu'ils sont et non sur ce qu'ils
peuvent devenir, et Jules III ne voulut pas que
l'ouvrage fût continué. Cependant en 1561, à la
sollicitation de Vasari, le pape Pie IV le reprit, Vasari

le pressa d'en charger entièrement le Salviati ; mais
la protection de Michel-Ange intervint encore, et il
fut à-peu-près décidé que le Ricciarelli, ou autrement
Daniel de Volterre, serait en partage avec le Salviati ;
lorsqu'un troisième peintre, favori de Pie IV, les
évinça tous deux. Ce fut Piero Ligorio, napolitain,
qui se vantait d'avoir de grandes connaissances en
archéologie sans les posséder, mais homme de mérite
en architecture et assez bon peintre à fresque,
hardi, entreprenant, habile à saisir les faiblesses des
princes ; il s'aperçut que le pape était pressé de voir
finir cette salle et attachait beaucoup d'amour-propre
à ce quelle fût terminée sous son règne, et il en profita
pour nuire au Salviati et à Ricciarelli qu'il n'aimait
pas ; le Ricciarelli à cause de son enthousiasme pour
Michel-Ange, et le Salviati à cause des faibles hommages qu'il lui rendait à lui-même. Il persuada donc
au pape que l'ouvrage irait bien plus vite s'il lui
permettait d'appeler des jeunes gens et de leur
partager la besogne. Le pape y consentit. Salviati,
indigné, quitta Rome, le Ricciarelli mourut peu de
tems après, et Ligorio resta maître du champ de
bataille. Les jeunes gens que l'on appela apportèrent
avec eux et l'inexpérience naturelle à leur âge et les
défauts du tems, c'est-à-dire le manque de vigueur
et la faiblesse du coloris ; et cette salle, où l'art aurait
dû dans la suite aller chercher des modèles, ne servit
qu'à attester sa décadence, encore accélérée comme

★

on vient de le voir par les petits ressentimens d'un homme qui possédait le mérite nécessaire pour la retarder s'il l'eût voulu. Le pape, cependant, n'eut pas la satisfaction de voir terminer cette salle. Après lui, le Vasari succéda au Ligorio dans la conduite de cet ouvrage ; et j'ai prouvé ailleurs que le caractère et la conduite de ce peintre n'étaient nullement propres à ramener l'art à sa véritable gloire.

Deux hommes naquirent pour donner de meilleurs exemples, mais il semblait qu'il était dans les vues de la providence de prolonger le discrédit dans lequel l'école romaine tombait de jour en jour. Ce furent Girolamo Siciolante da Sermoneta, et Scipione Pulzone da Gaetè. Raphaël n'eut point de plus ardent ni de plus habile imitateur que le premier. Ses beaux tableaux du Martyre de Sainte Lucie à Sainte Marie-Majeure, de la Transfiguration à l'*Ara Cœli*, de la Nativité du Christ dans l'église de la Pace, et surtout son Saint Barthelemy à Ancône, que l'on regarde comme son chef-d'œuvre, sont la preuve de ce que j'avance. Le Pulzone, non moins bien servi par ses dispositions naturelles, suivit à-la-fois et les traces de Raphaël et celles d'André del Sarto. Son Assomption à Saint Silvestre de Monte Cavallo, et son Crucifiement à la Vallicella, sont des tableaux d'un bel effet, d'un très-beau coloris, et d'un dessin très-correct. Mais, dans ce siècle, l'amour du gain était la passion

favorité des artistes, et ces deux peintres, pour en
acquérir davantage, négligèrent le genre qui leur
promettait plus de gloire que d'argent, et se livrèrent
tout-à-fait à celui du portrait, qui conduisait plus
rapidement à la fortune ; ainsi ces deux hommes furent
entièrement perdus pour l'art, et ne formèrent point
d'école.

Deux frères, Taddeo et Federigo Zuccari,
parurent ensuite et accélérèrent encore le mal. Aussi
cupides à Rome que le Vasari l'était à Florence, ils
produisirent une foule énorme de tableaux, tantôt
bons, tantôt médiocres, tantôt détestables. Quand ils
ne pouvaient suffire aux commandes, ils en faisaient
exécuter par leurs élèves et les présentaient effronté-
ment, comme s'ils eussent été de leur main. Il leur
importait peu, pourvu qu'ils les vendissent. Lanzi
rapporte que de leur tems il y avait à Rome un fripier
qui tenait magasin de leurs tableaux. Cet homme ne
manquait jamais de demander aux acheteurs quelle
était la qualité qu'ils voulaient, si c'étaient des Zuccari
de Hollande, ou de France, ou de Portugal, ou
d'ailleurs ? voulant faire entendre par là qu'il en
tenait à tout prix.

Tadeo Zuccari mourut à trente-sept ans. Son
frère Federigo lui survécut long-tems et termina tous
les tableaux qu'il avait laissés imparfaits. Federigo

était moins bon dessinateur que lui; il était plus
maniéré dans le style, plus capricieux dans l'ornement,
plus extravagant dans la composition; et cependant,
malgré ces défauts, sa réputation devint colossale.
D'ailleurs il était riche, et grâce à cet avantage il ne
manqua pas de prôneurs. Lanzi nous apprend que
le grand duc François I.er l'invita à se rendre à
Florence pour peindre la grande coupole de l'église
métropolitaine à laquelle Vasari travaillait quand il
mourut. Ce fut là que Federigo donna l'essor à toute
l'extravagance dont son génie était capable. Il y
exécuta, dit Lanzi, plus de trois cents figures de
cinquante pieds de proportion, sans parler de celle de
Lucifer, tellement gigantesque, qu'elle faisait paraître
petites toutes les autres. Le goût était si vicié à cette
époque, que cette peinture fut réputée admirable,
quoique dans la vérité elle n'eût rien d'extraordinaire,
si ce n'est son extravagance. Dans la suite, et du
tems de Pietro de Cortone, il fut question de l'effacer
et de faire recommencer l'ouvrage par cet artiste;
mais l'on renonça à ce projet dans la crainte que sa
vie ne pût suffire à son exécution. Quoiqu'il en soit,
cette coupole fit un grand honneur à Zuccari. Sa
réputation en accrut encore, et le pape le redemanda
à la cour de Florence pour lui donner à terminer la
voûte de la chapelle Pauline, commencée jadis par
Michel-Ange : honneur qui donne la mesure de la
manière dont on raisonnait les arts à cette époque.

Cependant, il ne fit pas d'abord un long séjour à
Rome. On rapporte que quelques courtisans ayant
cherché à le desservir, il s'en vengea en faisant
un tableau de la Calomnie, où il les représenta au
naturel avec des oreilles d'âne; et que le pape fut
si irrité de cette insolence, que ce peintre fut obligé
de s'enfuir pour se dérober à la punition que l'on
voulait lui infliger. Ce fut alors qu'il voyagea en
Flandre, en Hollande, en Angleterre, travaillant
partout, et partout gagnant un argent prodigieux. Il
revint en Italie sur l'invitation du gouvernement de
Venise, et travailla au palais de Saint-Marc. Le
pape enfin s'apaisa, et le rappela à Rome pour
terminer ce qu'il y avait commencé; et pour rendre
justice à la vérité, il faut dire que ce fut ce qu'il
fit de mieux depuis qu'il avait été privé de l'assistance
de son frère. Mais pour bien juger de l'état de
décadence dans lequel l'art était tombé, il faut voir
une maison qu'il fit bâtir sur le mont Pincio, et
qu'il orna de fresques, représentant des personnages
de sa famille, des conversations et d'autres sujets,
exécutés en partie par ses élèves qu'il payait mal,
et où la faiblesse du style, la trivialité, le mauvais
goût prouvent assez combien la gloire et l'intérêt de
l'art le touchaient peu. Zuccari, à l'instar de Vasari,
écrivit aussi sur l'art de la peinture; mais plus par
esprit de rivalité et de jalousie, que par un sentiment
d'utilité. Aussi éveilla-t-il beaucoup d'inimitiés, et

*

éprouva-t-il de violentes critiques. Lanzi croit qu'il écrivit son ouvrage lorsqu'il présidait à Rome l'Académie de Saint-Luc.

Le Cavalier d'Arpino dont le nom était Guiseppe Cesari, combla la mesure du mal. Il fut doué de toutes les qualités nécessaires pour parvenir au premier rang dans la peinture, mais personne mieux que lui ne justifia cet ancien adage, qu'il en est des arts comme des républiques, qui ne reçoivent de grandes blessures que des grands triomphes. Il débuta par exécuter plusieurs tableaux d'après des dessins de Michel-Ange, que lui prêta Giacomo Rocca qui les tenait lui-même de Daniel de Volterre son maître, et ce travail lui valut la réputation du premier peintre de Rome. Peignant bien les chevaux, donnant assez de vigueur aux têtes des figures, il éblouit la multitude par une apparente facilité dans l'exécution, par la foule de personnages dont il surchargeait ses compositions, par une sorte de fracas qu'il prêtait à ses sujets. Les connaisseurs, qui partout sont en petit nombre, ne furent pas dupes de ce charlatanisme; ils relevèrent les incorrections fréquentes, la constante monotonie des extrémités, l'impossibilité où l'auteur serait de rendre raison des plis de ses draperies, de certaines dégradations de tons, de tels accidens de lumières et d'ombres. Ces défauts n'échappèrent point à la critique du Caravage et d'Annibal Carrache. De

la critique on passa aux propos, et les propos
amenèrent les cartels: Arpino n'accepta point celui
du Caravage parce qu'il n'était point chevalier, et
Annibal refusa celui d'Arpino en disant que son épée
était son pinceau. On voit d'après cela, ajoute Lanzi,
que le plus grand obstacle que ces deux grands
professeurs eurent dans Rome pour ramener la
peinture à ses véritables principes, vint du cavalier
Arpino, de son école, et de ses fauteurs. Malheureusement l'Arpino leur survécut plus de trente ans,
et par le déplorable talent qu'il avait de voiler ses
défauts et d'en imposer au vulgaire, il fut le chef
d'une longue génération de peintres vicieux. Ce ne fut
qu'à la longue que l'école des Carraches prit enfin
le dessus, et que le bon goût rentra dans Rome
ramené par quelques étrangers, tels que le Baroche,
le Poussin, le Cortone et quelques autres.

UNE circonstance remarquable, c'est que tandis
que les deux célèbres écoles, la Florentine et la
Romaine, marchaient de plus en plus vers la décadence, l'école Vénitienne au contraire s'élevait au
plus haut degré de splendeur, et que lorsque celle-
ci vint à son tour à tomber dans la décadence, ce
fut premièrement l'époque où les deux premières
commencèrent à se relever avec une sorte d'honneur.
Cela s'explique cependant facilement. Nous avons
déjà remarqué que Florence et Rome durent le

retour aux bons principes, bien plus à des étrangers
qu'à des. indigènes. Les Carraches que l'on pouvait
appeler bien mieux les fondateurs que les réformateurs
de l'école Bolognèse, étudièrent sous le Titien, le
Giorgione, le Paul Véronèse, le Tintoret, et nous
avons vu quelle influence ils exercèrent à Rome où
ils balancèrent le cavalier Arpino, aussi bien que
le Vasari à Florence. La plupart des peintres qui
vinrent à leur exemple y seconder la réforme, avaient
étudié à Venise, et étaient imbus de ces grands
principes de couleur, et d'imitation de la nature,
qui avaient porté si haut la gloire vénitienne. Eloignés
une fois des bords de l'Adriatique, et n'ayant point
de motifs de retourner dans un état qui n'était
point leur patrie, ils conservèrent purs les principes
qu'ils avaient puisés dans l'école de Venise, et aucune
occasion d'intérêt ou de rivalité ne les portant à les
altérer, ils concoururent, soit par leurs conseils,
soit par le spectacle de leurs propres productions, à
rappeler l'art à son véritable but dans les climats
où ils se fixèrent. Il n'en fut pas de même des
peintres indigènes de l'état Vénitien. Là comme
ailleurs, il est de la nature de l'homme de ne pas
savoir s'arrêter à de justes bornes. Les successeurs
des grands hommes dont les talens avaient illustré
cette école, ne s'aperçurent pas qu'en cherchant à les
surpasser, ils tomberaient dans l'exagération, et que
la perfection, autant quelle est possible à l'homme,

n'est dans les arts, comme en toute autre chose, qu'un
point, au-delà comme en deçà, duquel tout n'est
qu'imperfection. Ils crurent donc qu'il ne s'agissait que
d'innover pour se faire, à leur tour, une grande
réputation, et qu'en s'écartant des routes battues,
ce serait arriver plutôt et plus sûrement à la gloire;
ainsi tandis que les Carraches, emportant hors de
Venise les grandes leçons qu'ils y avaient puisées,
furent au loin enfanter une longue succession de
peintres qui honorèrent tant le dix-septième siècle,
les Vénitiens que la même école avait nourris, les
Vénitiens qui s'étaient formés sur les mêmes modèles
que les Carraches, tombèrent par un désir irréfléchi
de se distinguer, et par ce sentiment d'amour-propre
déplacé qui leur faisait craindre de ne passer que
pour les simples imitateurs de leurs maîtres,
tombèrent, dis-je, dans la manière, et contractèrent
des défauts répréhensibles qui devinrent bien plus
apparens encore chez leurs disciples. L'on est malheureusement forcé de convenir que les exemples
du Tintoret furent plus préjudiciables qu'utiles à l'art;
et ce que j'avance ici est le sentiment de Lanzi. Peu
d'artistes, dit-il, voulurent, à son imitation, acquérir
cette profondeur de savoir qui, pour ainsi dire,
servait de voile à ses défauts. Tandis qu'ils imitaient
volontiers sa manière hâtive, ses négligences, son
mauvais choix d'*imprimiture*, et qu'on leur reprochait
un semblable abus de l'art, ils s'appuyaient sur son

★

grand nom pour le légitimer. Ceux que leur âge rattachait de plus près au siècle de la splendeur vénitienne, et dont la mémoire était encore frappée des excellentes théories de ce tems, n'outraient pas autant ces sortes de défauts; mais leurs successeurs semblèrent prendre à tâche de s'éloigner autant que possible des anciennes pratiques, et il en fut beaucoup par exemple qui firent un abus si excessif des tons obscurs, qu'ils en reçurent le nom de secte des *Ténébreux* (*Tenebrosi*).

Au reste, à Venise aussi-bien qu'à Florence et à Rome, la cupidité des artistes concourut à la décadence. Jacopo Palma, dit le jeune Palma, pour le distinguer du vieux Palma, son oncle, doit être regardé comme le dernier peintre du bon siècle, et comme le premier du mauvais. A peine adolescent, il obtint la protection du duc d'Urbin. Ce prince le garda pendant quelque tems à sa cour. Il passa ensuite huit ans à Rome, où il mit la dernière main à son éducation pittoresque, en s'occupant sans cesse à dessiner d'après l'antique, à copier Michel-Ange et Raphaël, et surtout à étudier le clair-obscur d'après Polidor. Ce fut ce peintre qu'il prit surtout pour modèle, et après lui le Tintoret. A son retour à Venise, il se fit connaître par plusieurs travaux que beaucoup de connaisseurs estiment comme ses meilleurs ouvrages, parce qu'ils rappellent les bons

principes de l'école romaine, et les grands peintres
de l'école vénitienne. Le Zanetti rapporte que quelques-uns de ces mêmes ouvrages ont été attribués
par des professeurs à Giuseppe del Salviati, estimé
par la correction du dessin et par la solidité du style.
Ils portent tous l'empreinte de cette facilité qui,
dans tous les tems, fut le caractère principal du talent
du jeune Palma ; don précieux, remarque judicieusement Lanzi, mais aussi dangereux en peinture
qu'en poésie. A cette époque, les travaux les plus
considérables et les plus lucratifs étaient le partage du Tintoret et du Véronèse, et le jeune Palma,
malgré son application et son amour pour le travail,
était peu employé. Son amour pour la fortune lui
fit surmonter toutes les difficultés. Il parvint à se
mettre dans les bonnes grâces du Vittoria, architecte
habile, sculpteur très en vogue, et communément
juge des travaux que l'on confiait à ces deux célèbres
peintres. Cet artiste était mécontent du peu de défé-
rence que lui témoignaient le Robusti et le Véronèse ;
pour s'en venger, il prit sous sa protection le jeune
Palma, et l'aida de son crédit et de ses conseils.
Telle fut l'origine de sa fortune et de sa haute réputation. Ce fut ainsi qu'à Rome le Bernini, pour
se venger de Sacchi, favorisa le Cortone, au grand
préjudice de l'art ; et Lanzi a grande raison de dire
à ce sujet, que les passions, toujours les mêmes
dans tous les tems, suivent la même marche dans

tous les climats, et partout emploient les mêmes moyens pour parvenir à leur but.

PALMA jeune commença donc la décadence; ses élèves l'accélérèrent. La jalousie qui, en pareil cas, met quelquefois un poids utile dans la balance, fut ici sans pouvoir. L'Aliense, rival du Palma, avait tout ce qu'il fallait pour retenir l'art sur le bord de l'abîme; mais il se laissa entraîner par le torrent, et vint ajouter son dangereux exemple à celui que donnait déjà l'école de son antagoniste.

ANTONIO VASSILACCHI, dit l'Aliense, né dans l'île de Milo, avait puisé, dans le beau climat de la Grèce, le génie des beaux arts, et cette imagination vaste toujours entraînée vers les grandes conceptions. Paul Véronèse, son maître, s'aperçut bientôt de cette disposition, et son amour-propre alarmé de l'élévation où son élève pourrait arriver un jour, le détermina à le congédier de son école, et à lui donner le pernicieux conseil de se borner à de petits sujets, la nature lui ayant refusé, disait-il, les moyens de traiter l'histoire. L'Aliense ne l'en crut pas; mais justement piqué contre le Véronèse, au lieu de persister dans l'imitation du Titien, que l'on professait dans cette école, il s'attacha tout entier au genre du Tintoret, et pour oublier autant qu'il fut en lui les leçons qu'il avait reçues de Paul, il

vendit jusqu'aux dessins qu'il avait emportés de son
atelier. Les historiens lui reprochent vivement cette
conduite, et d'avoir adopté un genre bien moins
propice à la nature de son talent. Bientôt aussi
l'ambition des richesses, malheureuse épidémie qui
semblait alors étendre ses ravages dans toutes les
écoles, lui fit abuser de sa facilité, sans s'inquiéter
de l'atteinte mortelle qu'elle portait à sa réputation.
N'ayant pu vaincre l'inimitié de l'architecte Vittoria,
protecteur exclusif du Palma et du Corona, il était
parvenu à opposer à cette cabale l'appui de Girolamo
Compagna, artiste d'un mérite également éminent,
et réussit, par cette protection, à exécuter une foule
de tableaux dans les temples et les palais publics;
mais aucune de ces productions ne l'éleva à ce haut
degré de gloire auquel il avait tant de droits de
prétendre, s'il eût voulu se donner la peine de la
mériter.

Si l'Aliense employa si mal pour le maintien de
l'art ses belles dispositions, la timidité et l'indigence
empêchèrent également le Malombra de lui rendre
les services qu'il en aurait pu recevoir, mais du
moins celui-ci conserva dans toute leur pureté les
principes de la belle école vénitienne, et ne donna
point dans les erreurs qui déshonorèrent le siècle
où il vécut. Son éducation lui avait appris que
l'honneur est préférable à la richesse, et cet adage

★

lui fut toujours présent : sage par goût, timide par tempérament, patient par caractère, il devint habile dessinateur dans l'école du Salviati, et donna à ses tableaux une correction et un fini que de son tems l'on ne connaissait presque plus. Sa modestie le porta vers les portraits et les tableaux de petites proportions, dans lesquels il excella. L'on voit à Saint François de Paule quatre petits tableaux de ce peintre, représentant des miracles dont les figures ont une précision de contours, une grâce, un caractère d'originalité, que l'on chercherait en vain à cette époque dans l'école vénitienne. Il fit beaucoup de tableaux de perspective ; on en trouve d'admirables en ce genre dans diverses galeries. Les plus recommandables surtout sont ceux où il a représenté, soit la grande Salle du Conseil, soit la grande place Saint Marc, où se passent des cérémonies religieuses ou civiles, telles que des processions, des entrées des audiences publiques, des spectacles. On regrette qu'une plus grande considération n'ait pas entouré cet habile homme, et l'on est forcé de faire une réflexion pénible, c'est que partout la décadence dans les arts doit être bien plutôt attribuée au public qu'aux artistes. Comment se fait il, qu'en Italie, par exemple, où depuis si long-tems les chefs-d'œuvres de tant de grands hommes avaient dû accoutumer les yeux à ne pas se tromper aux véritables qualités qui constituent le talent dans les peintres, et à ne pas

s'égarer sur la bonté des principes, et sur le plus
ou moins de sagesse dans leur application, il se soit
trouvé des esprits toujours disposés à exalter ceux qui
s'en éloignaient le plus, et à laisser dans l'oubli les
peintres assez amis de l'art pour ne pas s'en écarter?
Quoi! les richesses pleuvent sur l'Aliense, l'un des
plus célèbres déserteurs de la belle école vénitienne,
et l'indigence est le partage du Malombra, l'un des
plus célèbres conservateurs de ses maximes? Les
cabales, l'intrigue et la jactance expliquent bien une
partie de cette énigme, et l'ignorance des hommes
assez riches pour commander des travaux, a bien
quelque part à ces sortes de révolutions dans les arts.
Mais enfin, comment se prolongent-elles quelquefois
si long-tems? Serait-il vrai qu'il fût des époques
où la perte du goût fût entièrement consommée, où
le beau fût totalement étranger aux amateurs et
même aux connaisseurs? Mais si cela n'est pas,
comment ces connaisseurs n'indiquent-ils pas à
l'homme riche, mais ignorant, que dans la distribution
de ses travaux, il doit donner la préférence au peintre
dont les productions se rattachent au bon tems,
sur le peintre dont les tableaux annoncent qu'il s'est
fait un système de s'en éloigner? S'il en eût été ainsi
à Venise, tout eût été bientôt remis à sa place;
l'Aliense eût été moins riche; mais il n'eût fait que
de bons tableaux; le Malombra eût été moins malheureux, et délivré de ses inquiétudes, il eût donné

un plus grand essor à son génie, et mis plus à profit les excellentes théories qu'il avait reçues, et dont il ne s'écarta jamais. Ce n'est donc pas tant la soif des richesses et le désir cupide qu'elle inspire aux artistes de multiplier leurs productions, dont les plans peu médités, le style inévitablement peu correct et qui dégénère par conséquent en manière, et l'exécution trop rapide et peu soignée frappent les yeux, qu'il faut accuser de la décadence de l'art, que l'engouement ridicule du public pour tout ce qui lui paraît nouveau, et l'indifférence ou la mauvaise foi des connaisseurs, qui gardent un silence coupable quand ils voient naître le mal; car, s'ils le voulaient, ils l'arrêteraient dans sa source, et peu importerait à-coup-sûr au riche qui ne veut que dépenser son argent, de le donner plutôt pour une bonne chose que pour une mauvaise.

QUOIQU'IL en soit, si le Tintoret, et après lui le jeune Palma et ses suivans (*Seguace*), accélérèrent la décadence à Venise, la secte des Ténébreux (*Tenebrosi*) fut encore plus funeste à l'art. La plupart des peintres en qui l'on reconnaissait encore quelque attachement aux bons principes, avait cessé de vivre vers 1631, et depuis cette époque jusqu'à la fin du siècle, tous les tableaux qui sortirent de cette école portent en général un caractère qui lui est totalement opposé. Zanetti nous apprend que plusieurs

peintres étrangers vinrent s'établir dans cette ville,
et s'y emparèrent du sceptre de la peinture. Formés
dans différentes écoles, mais presque tous ad-
mirateurs outrés du Caravage et de son style trivial
et populaire, ils ne s'accordaient entre eux que sur
deux seuls points ; le premier, de consulter la nature
plus qu'on ne l'avait fait jusqu'alors, principe utile
sans doute, parce que la peinture n'étant plus qu'un
métier, il tendait à lui faire reprendre un rang dans
les arts, mais que la majeure partie de ces peintres
lui rendirent funeste, soit parce qu'ils ne surent
pas ennoblir cette nature, soit parce qu'ils la firent
tomber dans la manière, en la surchargeant de
teintes obscures. Le second fut de n'employer que
des *imprimitures* extrêmement sombres et huileuses,
dont l'usage, s'il facilite la célérité de l'exécution,
nuit infiniment à la conservation des tableaux. De
ce vice, dont ne fut pas même exempt la belle école
des Carraches, il est résulté un grand mal, c'est
qu'aujourd'hui il ne reste plus des tableaux de ce
tems que des masses de lumières et d'ombres sans
aucune harmonie entre elles, et que si quelques-uns
ont survécu, il en est un nombre beaucoup plus grand
qui ont entièrement péri ; ce qui n'est pas au reste
une grande perte. Plusieurs historiens croient qu'un
certain Pietro Ricchi, surnommé le Lucchese, qu'il
ne faut pas confondre avec le célèbre Ricci, fut
l'inventeur de cette manière huileuse et ténébreuse

*

de peindre. Ce qu'il y a de certain, c'est qu'il était dans l'usage d'imbiber d'huile les toiles de ses tableaux avant d'y donner le premier coup de pinceau, et qu'en conséquence, à peine reste-t-il quelque chose de ce grand nombre de peintures qu'il exécuta non-seulement à Venise, mais encore à Vicence, à Brescia, à Padoue et à Udine.

Tel fut l'état déplorable de l'art à Venise pendant soixante ans environ, c'est-à-dire depuis 1640 jusqu'à la fin de ce siècle; et le Zanetti nous apprend qu'alors dans l'école vénitienne on pouvait compter autant de manières différentes que l'on comptait de peintres. Pendant ces années malheureuses, la mode, comme il arrive presque toujours, avait totalement effacé la raison, et les peintres, en se livrant à son influence, donnaient, pour excuse, que le siècle applaudissant à cette nouveauté, il était naturel qu'ils secondassent son génie, puisque c'était le moyen de faire fortune. Parmi les changemens qu'essuyèrent les principes, l'un des plus funestes fut la perte de la couleur, dont l'admirable magie fut si long-tems le caractère distinctif de cette belle école. On commença par l'altérer, et à force de vouloir rendre le coloris brillant, on finit par le rendre faux et maniéré; et il ne fut point de peintres à cette époque dont les teintes ne fussent exagérées plus ou moins. L'on ne peut nier cependant que dans ce siècle de

décadence, commun à toute l'Italie, Venise n'ait
produit encore quelques hommes capables de lui
faire honneur; et tandis que dans l'Italie inférieure
nul n'aurait osé suivre une autre route que celle
tracée par les imitateurs de Cortone, et que, dans
toutes les écoles de l'Italie supérieure, on ne prenait
pour exemples que ceux donnés par les imitateurs
du Carrache; à Venise du moins plusieurs hommes
arrivèrent à la gloire en se créant des styles différens
les uns des autres, qui, s'ils n'étaient pas parfaits,
étaient du moins originaux et estimés dans leur
genre. Tels furent entr'autres le Ricci, le Tiepolo,
le Canaletto, le Rotari, dont nous avons vu l'Europe
entière acheter et payer très-cher les productions.

L'ÉCOLE milanaise, si voisine de l'école vénitienne,
n'éprouva pas des revers moins sensibles. Cette
école, fondée pour ainsi dire par l'un des plus grands
peintres qu'ait produit l'Italie, par Léonard de Vinci,
soutenue si long-tems avec éclat par les élèves de
ce grand homme, et par ceux du Gaudenzio, cette
école, dis-je, ne vit pas se développer dans son sein,
aussi rapidement qu'ailleurs, les symptômes de la
décadence; elle en ressentit l'atteinte plus lentement;
mais enfin, elle n'y échappa pas. La peste qui désola
plusieurs fois Milan dans le cours du même siècle,
fut la cause première de cette décadence; elle
dispersa les peintres qui composaient cette école.

Les uns cherchèrent à éviter la mort en fuyant leur patrie, les autres la reçurent en y restant, en sorte que le Lomazzo, dans la liste des peintres qui vivaient à Milan après ce désastre, ne compte plus que trois nationaux, le Luini, le Greocchi et le Ducchino : tout fut donc remplacé par des étrangers, et deux circonstances les y appelèrent. D'abord, la sensation extraordinaire qu'avait fait à Milan, du tems de Gandenzio, le beau tableau du Couronnement d'épine du Titien. L'admiration que les Milanais avaient ressentie en voyant ce magnifique ouvrage, avait déterminé plusieurs élèves de ce célèbre vénitien, à venir s'établir dans cette capitale de la Lombardie, et l'accueil qu'ils y avaient reçu avait encouragé quelques peintres élevés dans d'autres écoles à imiter leur exemple ; ensuite, la protection accordée aux arts, et le nombre des monumens érigés et réparés par deux cardinaux fameux dans l'histoire, l'un et l'autre issus de l'illustre maison des Boromées. Le premier, Charles Boromée, que ses éminentes vertus ont fait monter au rang des Saints ; le second, Federigo Boromée, qui réunit également toutes les qualités épiscopales : tous deux princes de l'église et archevêques de Milan ; économes dans leur vie privée, et magnifiques en public, et trouvant dans cette conduite les moyens de satisfaire leur goût pour les beaux arts, et de verser d'innombrables bienfaits dans le sein des malheureux. Les

monumens qu'ils érigèrent, ceux qu'ils restaurèrent,
soit dans Milan, soit dans l'Etat, l'innombrable
quantité de tableaux qu'ils firent exécuter, déter-
minent Lanzi à dire que les Boromée furent pour
Milan, ce que les Médicis furent pour Florence, et
les Gonzague pour Mantoue. Le cardinal Federigo
fut en cela plus heureux encore que Saint Charles
Boromée, parce que son pontificat ayant été plus
long et marqué par des jours moins agités, il put
se livrer plus à loisir au goût des beaux arts qu'il
avait puisé d'abord à Bologne, où il fut élevé, et
ensuite à Rome, où ses dignités l'appelèrent. Arrivé
à la chaire de Milan, il y fonda une nouvelle
académie sur les mêmes bases de celle de Rome,
érigée quelques années avant, et à l'organisation
de laquelle il n'avait pas peu contribué. Le premier
essai que cette académie milanaise fit de ses forces,
fut l'érection de la statue colossale de Saint Charles
Boromée, de soixante et dix pieds de haut, placée à
Arona, lieu de la naissance du Saint, et jetée en
bronze sur les dessins du Cerano. Cependant, malgré
tous les soins que l'on prit, cette nouvelle académie
n'égala point celle qui avait hérité des grands principes de Léonard de Vinci. Le nombre des peintres
milanais était, comme je l'ai déjà dit, réduit presqu'à
rien, et le besoin d'enrichir de peintures les nouveaux
édifices qui se multipliaient chaque jour, se faisant
sentir de plus en plus, on fut forcé d'avoir recours

★

aux étrangers, qui apportèrent chacun leurs styles différens, tels que les Campi, les Semini, les Procaccini, les Nuvoloni, ou furent former le leur ailleurs, tels que le Cerano et le Morazzone. L'éducation de la jeunesse milanaise fut confiée à ces maîtres, tous opposés de principes. On sent donc facilement que cet amalgame ne put donner aux élèves de la nouvelle académie la même solidité que l'on admirait dans ceux de l'ancienne ; que si d'abord les modernes l'emportèrent sur leurs prédécesseurs par le charme du coloris, cet avantage diminua chaque jour, parce que la fluctuation des opinions à cet égard dut, par la suite, faire prévaloir le caprice ; qu'insensiblement on s'accoutuma à travailler à la hâte, et que l'on tomba dans la manière ; qu'enfin, la décadence fut certaine, et qu'il semble que cette école avait adopté pour maxime de beaucoup vanter les théories des anciens, et de n'imiter que la manière expéditive et les défauts des modernes.

Après la mort de Daniele Crespi, frappé de la peste avec toute sa famille, élève du Cerano, qui lui-même était un Crespi, le mal ne fit que s'accroître. Daniele Crespi est considéré comme le dernier homme de génie de la nouvelle école milanaise. Déjà, de son tems, l'incorrection du dessin commençait à se faire sentir, et le faire de pratique à succéder à ce que le goût et la raison prescrivaient. La mort enleva le

cardinal Boromée en 1631, et, après lui, la désunion
se mit entre le peu d'artistes que la peste avait
épargnés. Lanzi nous apprend qu'à cette époque,
l'académie fondée par ce prélat fut fermée, et resta
dans cet état pendant vingt ans, et que si dans la
suite elle fut r'ouverte par les soins d'Antonio Busca,
elle ne produisit jamais rien de comparable aux
travaux de la précédente. Il faut avouer, ajoute cet
historien, que, soit par la mauvaise méthode de
l'enseignement, soit par le manque d'un protecteur
puissant et éclairé, soit par l'abondance des commis-
sions et l'ignorante complaisance des commettans, qui
enhardissait les jeunes gens à produire avant le tems,
il faut, dit-il, avouer que jamais école ne se trouva
plus véritablement orpheline de bons maîtres, et ne
produisit une aussi grande foule de peintres, ou
médiocres, ou tout-à-fait mauvais. Tous les artistes
de cette époque malheureuse, ajoute-t-il, quoique
élevés dans des écoles différentes, se ressemblaient
cependant comme s'ils eussent été formés par le même
maître. On ne remarque dans leurs productions ni
caractère, ni beauté dans les proportions, ni vivacité
dans les figures, ni grâce dans le coloris. Ils ne
réussissaient pas même à rappeler la manière des
hommes qui les avaient instruits, ou ils l'exagéraient,
ou ils l'apauvrissaient, ou ils la déshonoraient. Dans
le choix des couleurs, on retrouve quelque réminiscence de l'école bolognèse; mais la majeure partie

donnait dans ces tons ténébreux qui dominaient alors dans presque toutes les écoles.

T E L est le tableau que Lanzi présente de l'école de Milan au dix-septième siècle, et il est à remarquer que, tandis que quelques écoles d'Italie se relevaient ailleurs par degrés de la décadence dans laquelle elles étaient tombées, l'école milanaise resta à-peu-près dans le même état jusqu'à l'époque où l'immortelle Marie-Thérèse se décida, en 1775, à fonder une troisième académie dans Milan. Alors les beaux arts commencèrent à s'y ranimer, et le bon goût y reparut. On peut consulter, à cet égard, le nouveau Guide que l'on doit au savant qui fut long-tems secrétaire de cette académie.

L'ÉCOLE mantouane, qui donna naissance aux écoles de Modène et de Parme, fait également partie de l'école lombarde proprement dite, et ne remonte guère plus haut que Andrea Mantegna. Il paraît cependant que dès le tems de la comtesse Matilde, la miniature était cultivée à Mantoue, et les voyageurs parlent d'un livre d'Evangiles peint en ce genre, que l'on conservait dans le trésor de l'Abbaye de Saint Benoît de cette ville, et qui lui fut donné par cette princesse.

L'ÉCOLE de Manteigne régna long-tems avec éclat

à Mantoue ; mais enfin, elle fut éclipsée par une
école bien supérieure, celle de Jules-Romain. Le
duc Federigo, doué d'une ame élevée, amateur des
beaux-arts, et jaloux d'embellir Mantoue, ne pouvait
se contenter des derniers rejetons de Mantcigne,
et par l'entremise de Baldasar Castiglione, ami de
Raphaël, détermina Jules-Romain à venir se fixer
à sa cour. Il s'agissait pour ainsi dire de reconstruire
Mantoue, désolée par les inondations du Mincio ;
et c'était une belle carrière à ouvrir aux talens de
ce grand maître. Il la fournit dignement, et fut
tout-à-la-fois l'architecte et le décorateur d'une foule
de monumens, de palais, de temples, de maisons
de plaisance, dont la magnificence lui mérita à juste
titre le nom de second fondateur de cette ville.
Son génie créateur, et les talens de cette grande
quantité d'aides et de jeunes gens qu'il employa et
se formèrent sous lui, commencèrent cette belle
école dont la splendeur brilla pendant de longues
années, et dont les travaux illustrèrent Mantoue
et la Lombardie.

MALHEUREUSEMENT, les tems qui succédèrent
à cette époque ne furent pas marqués par des talens aussi recommandables. Le goût des souverains
de Mantoue se prononça bien toujours pour les
beaux-arts, mais le désir d'être promptement servis
afin de jouir plutôt, ne leur permit jamais d'attendre

★

que les jeunes mantouans se fussent formés, et les
engagea constamment à appeler des étrangers pour
l'exécution des travaux qu'ils se proposaient d'en-
treprendre. Ils nuisirent ainsi, sans le vouloir sans
doute, à l'école nationale, et nuisirent de même
sans s'en douter à leurs projets. Il ne faudrait pas
en conclure cependant qu'ils appelassent des hommes
médiocres ou sans talens, et le nom de quelques-uns
de ceux que je vais citer le prouvera ; mais ils in-
troduisirent dans l'école une incertitude funeste de
principes, résultat inévitable des éducations diverses
que ses maîtres avaient reçues dans des écoles étran-
gères ; et lorsque dans une institution quelconque
les principes ne sont pas bien arrêtés, il est rare
qu'à la longue elles ne s'écroulent. Le duc Vincent
fit venir, par exemple, pour décorer quelques parties de son palais, échappées à l'école de Jules-
Romain, Antonmaria Viani, surnommé le Vianino,
né à Crémone, et élève du Campi, et l'employa
comme architecte et comme peintre. Ce fut donc
un style nouveau qu'il mit sous les yeux de la
jeunesse mantouane, et qui ne ressemblait en rien
à celui qu'elle avait étudié jusqu'alors. Ce fut d'après
ce style que fut exécutée la frise de la galerie de
la cour. Le Vianino y représenta d'élégantes guir-
landes sur un fond d'or, entremêlées de groupes
d'enfans peints en clair-obscur. Il peignit encore,
dans le style du Campi, différens tableaux d'église,

et continua à être employé par trois successeurs
du duc Vincent.

LE Feti, peintre célèbre, élève du Cigoli, fut
de même conduit dans cette cour par le cardinal
Ferdinand de Gonsague, ensuite duc de Mantoue.
Il y exécuta beaucoup de tableaux à l'huile pour
les églises et les galeries des différens seigneurs.
On cite entr'autres celui de la Multiplication des
Pains, qui fut depuis placé dans les salles de l'académie. Quoiqu'il ait exécuté de grands ouvrages à
fresque, tels par exemple que ceux du chœur de
la cathédrale, il y réussissait moins bien. Ce fut
néanmoins un habile maître, savant dans le rac-
courci, varié dans les figures et les expressions,
bon coloriste et bon dessinateur. On lui a reproché
avec justice de mettre dans ses compositions trop
de symétrie dans les groupes; ce qui leur donne
un air architectural, toujours désagréable dans la
peinture.

UNE des causes de la décadence, fut encore
l'émigration de quelques hommes dont les talens
eussent honoré leur patrie si ils y fussent restés, tels
que le Venusti, le Manfredi, le Fachetti, qui s'éta-
blirent à Rome, le Giorgino del Grano, dont Parme
s'empara, et André Scutellari, qui vécut à Crémone. Celui que l'on pouvait appeler le dernier des

mantouans, fut Francesco Borgani. Il fut fidèle à sa patrie, et formé sur les exemples du Parmesan, il enrichit de très-beaux tableaux les églises de Saint-Pietro, de San. Simone, de Santa Croce, et plusieurs autres édifices publics et particuliers.

QUANT à la manière expéditive qui partout fut un des symptômes comme une des causes de la décadence, elle fut introduite à Mantoue par Gio Canti, peintre estimable, s'il se fût borné aux paysages, mais presque au-dessous du médiocre quand il travailla pour les églises, parce qu'il faisait consister tout son mérite dans la rapidité avec laquelle il exécutait. Cet artiste eut deux élèves qui lui eussent été infiniment supérieurs, s'ils n'eussent pas hérité de sa manière expéditive. L'un était Gio Cadioli, peintre de fresque, homme érudit, à qui l'on doit une histoire des peintures de Mantoue, et qui fut le fondateur et le premier directeur de l'académie de dessin. L'autre était Gio Bazzani; celui-ci sut enrichir son esprit par l'étude et la lecture, et se former à la peinture en s'attachant à copier les plus grands maîtres; mais son modèle de prédilection fut Rubens, qu'il s'appliqua constamment à imiter jusqu'à la fin de sa vie. Mantoue, et surtout l'abbaye voisine, sont remplis de ses fresques, et toutes attestent la richesse de son imagination, la vivacité de son esprit et l'étendue de son génie;

mais malheureusement il était estropié, et cela le
gênait dans son travail, et plus malheureusement
encore, l'habitude de travailler à la hâte qu'il avait
contractée sous son maître, diminue de beaucoup
le mérite de ses ouvrages.

Il semblerait que cette malheureuse manière
expéditive, qui dominait alors en Italie, et que le
désir d'une fortune rapide alimentait encore, fut
une maladie épidémique enracinée dans Mantoue
plus que partout ailleurs. Elle corrompit encore un
homme de mérite qui se présenta dans cette ville
avec un véritable talent. C'était Giuseppe Bottani de
Crémone. Il avait étudié à Rome sous le Masucci;
il passait pour traiter le paysage dans le genre du
Poussin, et la figure comme le Maratte. On admire
à Milan, dans l'église de Saint Côme et Saint Damien,
un beau tableau de lui, représentant Sainte Paola
qui congédie ses domestiques; il soutint la compa-
raison avec un tableau du Batoni placé à ses côtés.
Une fois établi à Mantoue, il ne sortit plus rien de
passable de son pinceau. La déplorable fureur de
faire vite et beaucoup le perdit, et dans la grande
quantité de tableaux qu'il produisit dans cette ville,
il en est bien peu qui ne déshonorent sa mémoire.

L'école de Modène, qui appartient également
à l'école lombarde, paraît être une de celles où le

★

bon esprit de la peinture se conserva le plus, et où
la décadence fut le moins sensible. La peinture fut
connue à Modène dès le onzième siècle, et il paraît
que dès-lors Berlingeri et Tomasso y fondèrent une
école. Ce qu'il y a de certain, c'est que la nature
semble avoir doué la nation modenaise d'un génie
particulier pour les beaux-arts, et en général pour
toutes les inventions qui se rattachent à ceux du
dessin. On sait que c'est de Modène que la Plastique
et la Scagliola tirent leur origine. Tiraboschi rapporte
que le cardinal Alexandre d'Est disait souvent qu'à
Modène on naissait artiste. Lanzi remarque en effet
que si, dans le seizième siècle, il n'y eut aucune
province d'Italie qui ne fournît quelques hommes
célèbres dans la peinture, le petit état de Modène en
produisit à lui seul plus que toute l'Italie, et assez
pour honorer le plus grand royaume. Pour donner
une idée de la manière dont l'art était cultivé à
Modène à l'origine de ce siècle, il cite entr'autres
Pellegrino, né dans cette ville, que la chronique de
Lancilloti donne tantôt aux Aretusi, tantôt aux
Munari, et dont le talent était déjà infiniment
recommandable avant qu'il eût connu Raphaël. Il
apporte pour preuve de ce qu'il avance, un magnifique
tableau qu'il exécuta avant qu'il sortît de Modène,
et que, par cette raison, l'on conserve avec le plus
grand soin à Saint Jean. Quand Raphaël connut cet
habile artiste, il se hâta de l'employer dans les

travaux du Vatican. Il travailla également avec Perin
del Vaga, et ne mérita pas moins d'éloges lorsqu'il
composa seul et d'après son propre génie. Mais c'est
à Rome bien plus qu'à Modène qu'il faut le juger.
Un homme de ce mérite n'aurait pas dû éprouver
les rigueurs du sort. Père infortuné, il eut un fils
qui se rendit coupable d'un homicide. Les parens de
la malheureuse victime de ce tragique évènement,
animés par l'ardeur de la vengeance, cherchaient le
meurtrier pour lui arracher la vie. Un hazard funeste
permit qu'ils rencontrassent le père au lieu du fils.
Cette vue ne fit qu'ajouter à leur fureur, et confon-
dant l'innocent avec le coupable, ils assouvirent leur
aveugle rage dans le sang de ce père déjà si malheureux pour avoir donné le jour à un assassin. Il
eut un autre fils, Cesare Aretusi, dont le talent
recommandable se forma sur les exemples du
Bagnacavallo, et que les historiens disent être, tantôt
de Modène, parce qu'en effet il y naquit, et tantôt
de Bologne, parce qu'il y obtint le droit de bour-
geoisie.

L'IMITATION de Raphaël ne contribua pas seule
à l'illustration de Modène. Les chefs-d'œuvres du
Corrège vinrent encore y servir à l'étude des jeunes
gens. Les ducs d'Est, après la mort de ce peintre
célèbre, rassemblèrent à la longue dans leur galerie,
non-seulement tout ce qu'il avait produit à Modène

même, mais encore dans les villes voisines. Si par le désir de s'instruire ces sublimes originaux attiraient à Modène des peintres de tous les pays, les nationaux en profitaient également; et pendant une longue suite d'années, on suivit dans cette école les traces de cette étude. Plusieurs de ces chefs-d'œuvres sortirent de Modène vers le milieu du dix-huitième siècle. On sait qu'à cette époque, le duc François III vendit, pour cent trente mille séquins de Venise, cent tableaux à la cour de Dresde, parmi lesquels il s'en trouvait cinq du Corrège. D'après ces notions que je puise dans Tiraboschi, Lancilotti, Lanzi et quelques autres historiens, on ne doit pas être surpris du degré de splendeur où cette école arriva, puisque d'un côté la longue succession des élèves du Pelegrino continua le style de Raphaël, et que de l'autre une foule de peintres s'y attachèrent à l'imitation du Corrège.

Nous citerons encore dans le volume suivant quelques hommes justement célèbres, dont les talens honorèrent la ville et l'état de Modène, et soutinrent en Italie l'honneur de l'art, tandis que toutes les autres écoles, par un aveuglement vraiment funeste, ne s'apercevaient pas qu'elles dissipaient l'immense héritage de gloire que tant de grands maîtres leur avaient légué.

FIN DU NEUVIÈME VOLUME.

www.ingramcontent.com/pod-product-compliance
Lightning Source LLC
Chambersburg PA
CBHW061123220326
41599CB00024B/4148